LE

MATÉRIALISME CONTEMPORAIN

EN ALLEMAGNE

———

EXAMEN

DU SYSTÈME DU DOCTEUR BÜCHNER

PAR

Paul JANET

MEMBRE DE L'INSTITUT,

Professeur suppléant à la Faculté des lettres de Paris

———

PARIS

GERMER BAILLIÈRE, LIBRAIRE-ÉDITEUR

Rue de l'École-de-Médecine, 17.

Londres | **New-York**

Hipp Baillière, 219, Regent street. | Baillière brothers, 440, Broadway.

MADRID C. BAILLY-BAILLIÈRE, PLAZA DEL PRINCIPE ALFONSO, 16.

1864

35.

LE

MATÉRIALISME CONTEMPORAIN

EN ALLEMAGNE

OUVRAGES DU MÊME AUTEUR.

Histoire de la philosophie morale et politique, 2 vol. in-8
(Ladrange) . . . . 15 fr.

Essai sur la dialectique dans Platon et dans Hegel (Ladrange). 7 fr.

La famille, 5ᵉ édition (Michel Lévy) . . . . 3 fr. 50

Philosophie du bonheur, 2ᵉ édition (Michel Lévy) . . . . 7 fr.

Paris. — Imprimerie de E. MARTINET, rue Mignon, 2.

PRÉFACE

Je réunis dans ce volume deux articles qui ont paru dans la *Revue des deux mondes* au mois d'août et au mois de décembre derniers, en y ajoutant de nouveaux et importants développements. Avec ces développements, je crois pouvoir donner cet ouvrage comme une critique à peu près complète du livre de M. Büchner *Matière et force*, sorte de manuel matérialiste, qui a eu un grand succès en Allemagne, et qui, traduit récemment, paraît en avoir eu aussi un assez grand parmi nous. Le matérialisme, nous revenant de l'Allemagne, est certainement l'un des phénomènes les plus curieux du temps où nous vivons. Ce grand pays avait été jusqu'ici le domaine réservé du mysticisme et de l'idéalisme; il n'avait connu l'athéisme que dans les soupers de Frédéric, dont les hôtes, pour la plupart, étaient Français. Cette philosophie grossière, que nous répandions alors en Europe, les Allemands nous la renvoient aujourd'hui. Ils sont las de passer pour des rêveurs sentimentaux, et ils veulent aussi, à leur tour, dire leur fait à l'âme, à Dieu, à tous les vieux préjugés. Même dans cette entreprise si contraire à leur génie, les Allemands conservent encore l'une de leurs qualités traditionnelles, la candeur, la bonhomie, l'absence totale de dissimulation et d'hypocrisie. C'est une bonne fortune pour le critique, qui n'a qu'à prendre les choses comme on les lui dit, sans avoir besoin de chercher le dessous des cartes. D'ailleurs, le livre de M. Büchner est loin d'être méprisable. Il a très-habilement groupé et employé les théories récentes des sciences physiques et naturelles, de manière à leur faire signifier ce qu'elles ne contiennent certainement pas, la démonstration de l'athéisme. Nous avons essayé de le suivre sur ce terrain même; entreprise délicate et difficile, commandée par les nécessités du temps, mais où il faudrait plus de con-

naissances que nous n'en avons. Si nous pouvions engager soit de jeunes savants, soit de jeunes philosophes à nous suivre dans cette voie, et à compléter et à
préciser ce que nous n'indiquons ici qu'imparfaitement,
nous aurions peut-être rendu quelque service, soit à la
philosophie, soit à la science.

À quelle cause faut-il attribuer cette recrudescence
du matérialisme, déjà si éclatante en Allemagne, et
dont les progrès sont frappants parmi nous? Dirons-
nous, avec les matérialistes, que cette cause c'est le
retour à l'expérience, à l'observation des faits, en un
mot, à la vraie méthode scientifique? Non sans doute,
car l'expérience immédiate ne prononce rien sur le
matérialisme : ce n'est pas à elle qu'il appartient de
sonder les premiers principes; et pour affirmer le matérialisme, il faut employer le raisonnement, l'hypothèse et l'induction, tout au moins autant que dans la
doctrine contraire. Non, ce qui explique le succès du
matérialisme, c'est un penchant naturel à l'esprit humain, et qui est aujourd'hui extrêmement puissant
dans les esprits : le penchant à l'unité. On veut expliquer toutes choses par une seule cause, par un seul
phénomène, par une seule loi. C'est là sans doute un

penchant utile et nécessaire, sans lequel il n'y aurait pas de science; mais de combien d'erreurs un tel penchant n'est-il pas la cause? Combien d'analogies imaginaires, combien d'omissions capitales, combien de créations chimériques a produites en philosophie l'amour d'une vaine simplicité! Qui peut nier sans doute que l'unité ne soit au dernier fond des choses, au commencement et à la fin? Qui peut nier qu'une même harmonie gouverne le monde visible et le monde invisible, les corps et les esprits? Mais qui nous dit que ces harmonies, ces analogies qui unissent les deux mondes soient de l'ordre de celles que nous pouvons imaginer? Sur quoi nous fondons-nous pour forcer la nature à n'être autre chose que l'éternelle répétition de soi-même, et, comme le dit Diderot, un même phénomène indéfiniment diversifié? Illusion et orgueil! Les choses ont de plus grandes profondeurs que n'en a notre esprit. Sans doute, la matière et l'esprit doivent avoir une raison commune dans la pensée de Dieu : c'est là qu'il faudrait chercher leur dernière unité; mais quel œil a pénétré jusque-là? Qui pourra croire avoir expliqué cette origine commune à toute créature? Qui le pourrait, sinon Celui qui est la raison de tout? Mais surtout quelle faiblesse et quelle ignorance de limiter l'être réel des choses à ces fugitives apparences que nos sens en saisissent, de faire de notre imagination la mesure de toutes choses, et d'adorer, comme les nouveaux matérialistes, non pas même l'atome, qui avait au moins quelque apparence de solidité, mais un je ne sais quoi qui n'a plus de nom dans aucune langue, et que l'on pourrait appeler la *poussière infinie !*

15 mars 1864.

TABLE DES MATIÈRES

LE

MATÉRIALISME CONTEMPORAIN

EN ALLEMAGNE.

I

LA PHILOSOPHIE ALLEMANDE DEPUIS HEGEL.

Une grande révolution d'idées s'est faite en Allemagne depuis le temps où les Kant, les Fichte, les
Schelling, les Hegel, les Herbart, inauguraient avec tant
d'éclat la philosophie du xix° siècle. Aujourd'hui ces
grands noms, que nos radicaux retardataires présentent
en France à notre admiration comme les modèles de
la libre pensée et de l'audace généreuse, sont en Allemagne des noms surannés et à peine respectés. On les
traite presque comme des philosophes officiels, et
quelques-uns vont jusqu'à les appeler des *charlatans*.
Écoutez le sombre et pessimiste Schopenhauer, celui-là
même qui, dans notre Occident, dans la vieille ville
active et commerçante de Francfort, a eu la fantaisie
de renouveler le *nirvana* bouddhique ; écoutez-le parler

de Hegel et des philosophes de son école. « Le panthéisme, dit-il, est tombé si bas et a conduit à de telles platitudes, qu'on est arrivé à l'exploiter pour en faire un moyen de vivre, soi et sa famille. La principale cause de cet extrême aplatissement a été Hegel, tête médiocre, qui, par tous les moyens connus, a voulu se faire passer pour un grand philosophe, et est arrivé à se poser en idole devant quelques très-jeunes gens d'abord subornés, et maintenant à jamais bornés. De tels attentats contre l'esprit humain ne restent pas impunis. » Le même philosophe appelle Fichte, Schelling et Hegel les *trois sophistes*, et il résume ainsi la recette de ces philosophes et de leurs disciples : « Diluez un *minimum* de pensée dans cinq cents pages de phraséologie nauséabonde, et fiez-vous pour le reste à la patience vraiment allemande du lecteur. » Ainsi parle Schopenhauer, l'un des philosophes les plus goûtés en Allemagne depuis dix ans (1).

Écoutez maintenant M. Büchner, l'auteur du livre *Force et matière* (*Kraft und Stoff*), et l'un des adeptes es plus décidés et les plus populaires de l'école matérialiste. « Nous écarterons, dit-il, tout le verbiage philosophique par lequel brille la philosophie théorétique, notamment la philosophie allemande, qui inspire un juste dégoût aux hommes lettrés et illettrés. Les temps sont passés où le verbiage savant, le charlatanisme philosophique ou le batelage intellectuel étaient en vogue. » Le même écrivain parle avec le plus profond mépris de

---

(1) Voyez, sur ce philosophe, le curieux livre de M. Foucher de Careil, *Hegel et Schopenhauer*, auquel nous empruntons ces citations.

la « prétendue nouveauté » de la philosophie allemande. « Nos philosophes modernes, dit-il, aiment à
nous *réchauffer de vieux légumes* en leur donnant des
noms nouveaux pour nous les servir comme la dernière
invention de la cuisine philosophique. » On le voit par
ces grossières paroles, c'est partout le sort de ceux qui
ont un instant régné d'être à leur tour méprisés et in-
sultés ; on voit que les maîtres panthéistes et idéalistes
ne sont pas aujourd'hui plus respectés en Allemagne
que les maîtres spiritualistes ne le sont en France.

Mais comment comprendre maintenant qu'en Allemagne, dans ce pays de la spéculation pure, de la pensée abstraite, et où les universités semblaient être
jusqu'ici à la tête de tout mouvement scientifique,
comment comprendre que l'on en soit venu à parler
en ces termes de ces grands philosophes, si idolâtrés
naguère, et de l'enseignement universitaire, toujours si
respecté? Ce n'est pas là un des symptômes les moins
curieux de la tendance philosophique de notre temps.
Mais il faut remonter plus haut.

Lorsque Hegel est mort en 1832, jamais conquérant
ne laissa un empire plus vaste et en apparence moins
contesté. Il avait fait taire toutes les voix rivales, même
celle de son maître et de son émule, l'illustre Schelling..
Herbart seul avait pu sauver son indépendance, mais il
n'était pas écouté ; son temps n'était pas encore venu.
Le profond et amer Schopenhauer commençait à pro-
tester à Francfort dans la solitude, et devait pendant
longtemps braver l'indifférence du public. Humboldt
plaisantait en petit comité de ce qu'il appelait la presti-

digitation dialectique de Hegel; mais au dehors il se conduisait avec cette école comme il faisait avec les puissances, et lui témoignait un juste respect. Dans ce silence universel, l'école de Hegel avait tout envahi, les universités et le monde, l'Église et l'État. Un formulaire commun régnait dans toutes les écoles. Il semblait qu'une nouvelle Église fût fondée.

Cependant un *credo* philosophique n'a jamais été de longue durée. Après un premier moment d'entente superficielle, où des esprits animés par des sentiments communs, et n'ayant pas encore creusé leurs idées, s'accordent sur les mots, faute de fixer leur attention sur les choses, après ce premier étourdissement que cause à des esprits du second ordre l'autorité dominatrice du génie, chacun reprend peu à peu possession de soi-même, et cherche à se rendre compte de ce qu'il professe. Après la foi vient l'interprétation, et avec l'interprétation le prestige de l'unité disparaît; les hérésies commencent. C'est ce qui arriva bientôt à l'hégélianisme; on s'expliqua, et dès lors on ne s'entendit plus.

Trois interprétations différentes furent données par les disciples de Hegel de la philosophie du maître, l'une dans le sens spiritualiste et religieux, l'autre dans le sens naturaliste et athée; et entre les deux une école moyenne essaya de maintenir la haute pensée conciliatrice du maître lui-même, et de tenir la balance égale entre l'esprit et la nature. Le théisme, le panthéisme et l'athéisme, telles furent les trois doctrines qui se partagèrent l'héritage de Hegel. On appela ces trois divisions de l'école de noms empruntés à la langue de la politique, la *droite*, le *centre* et la *gauche*, qui eut bientôt son *extrême gauche*. Dès 1833, ces schismes se préparèrent : en 1840, ils étaient consommés.

De ces trois fractions de l'école hégélienne la plus puissante, et celle qui remua le plus les esprits, ce fut évidemment la plus radicale, la plus énergique, à savoir la gauche et l'extrême gauche. La gauche, représentée d'abord par Michelet de Berlin et par le docteur Strauss, s'efforça surtout de s'expliquer sur la personnalité divine et sur l'immortalité de l'âme. Elle établit ces deux points de doctrine, devenus célèbres en Allemagne, que Dieu n'est personnel qu'en l'homme, et que l'âme n'est immortelle qu'en Dieu, ce qui revient à dire que Dieu n'est pas personnel, et que l'âme n'est pas immortelle. Cependant cette partie de l'école restait encore fidèle à l'esprit hégélien en distinguant l'idée et la nature, la logique et la physique, l'esprit et la matière. L'extrême gauche hégélienne s'attaquait à toutes ces distinctions scolastiques. — A quoi bon, disait-elle, cette logique de Hegel, qui ne fait qu'exprimer une première fois, sous une forme abstraite, ce que la nature réalise sous une forme concrète ? Pourquoi distinguer l'idée et la nature ? L'idée, c'est la nature même. Une fois sur cette pente, rien n'empêchait plus les néo-hégéliens de revenir purement et simplement aux doctrines matérialistes et athées du xviiiᵉ siècle. C'est ce que fit l'extrême gauche hégélienne dans les écrits de MM. Feuerbach, Bruno Bauer, Max Stirner, Arnold Ruge (1). Encore le premier con-

(1) M. Saint-René Taillandier est le premier qui ait fait connaître

servait-il une sorte de religion analogue à celle de l'école positiviste, la religion de l'humanité. « L'homme seul disait-il, est le Sauveur véritable ! L'homme seul est notre Dieu, notre juge, notre rédempteur ! » Mais les disciples allaient plus loin, et ne voulaient pas même de ce dieu-humanité, et de ce culte qu'ils appelaient *anthropolâtrie*. M. Max Stirner combattait l'humanité de Feuerbach comme une dernière superstition, et il prêchait l'*autolâtrie*, le culte de soi-même : « Chacun est à soi-même son Dieu », disait-il, *quisquis sibi Deus*. « Chacun a droit à tout », *cuique omnia*. Un autre disciple de la même école, M. Arnold Ruge, fondateur des *Annales de Halle*, journal de la secte, disait que « l'athéisme est encore un système religieux : l'athée n'est pas plus libre qu'un juif qui mange du jambon. Il ne faut pas lutter contre la religion, il faut l'oublier. » Pour se faire une idée de cette sorte de rage antireligieuse qui animait les néo-hégéliens, il faudrait relire quelques-uns des athées de notre xviiie siècle, un Naigeon, un Lalande, un Sylvain Maréchal.

On comprend que ce fanatisme d'impiété, dans un pays qui est encore profondément religieux, dut jeter un grand discrédit sur la philosophie et sur ses interprètes. En Allemagne, on aime la liberté de penser, mais on respecte les choses saintes. Il est permis d'y tout dire, pourvu que ce soit en formules hiéroglyphiques inaccessibles à la foule ; mais précisément la jeune école

en France cette curieuse déviation de l'hégélianisme (*Revue des deux mondes* du 15 juillet 1847) hégélienne était lasse de ces formules, elle voulait parler franc et haut, appeler les choses par leur nom, et ne craignait pas d'employer le langage le plus grossier et le plus brutal. Ce n'est pas tout. En politique comme en philosophie la jeune école professait les doctrines les plus radicales. 1848 arriva : l'extrême gauche hégélienne devint l'extrême gauche révolutionnaire; l'athéisme et le socialisme se donnèrent la main : par là s'augmenta encore la répulsion que l'hégélianisme inspirait, et dont la philosophie devait subir le contre-coup. La réaction de 1850 vint la frapper comme elle la frappa chez nous. L'opinion s'éloigna d'elle : le silence se fit autour des universités, occupées en général par des hommes du second ordre, dont quelques-uns cependant, dans la critique surtout, étaient éminents. Tous ces faits sont d'autant plus faciles à comprendre qu'ils ont eu leurs analogues parmi nous.

Mais le silence et la paix ne sont pas de ce monde. La philosophie, vaincue avec la révolution, contenue dans les universités, oubliée en apparence par le public, recommença bientôt à se réveiller. Ni l'esprit humain, ni l'Allemagne ne peuvent se passer de philosophie; mais le réveil se fit par un côté inattendu : il vint du côté des sciences naturelles. Ce phénomène doit avoir sa raison dans l'esprit de notre temps, car c'est aussi ce que nous avons vu chez nous. C'est en effet l'école positive qui a profité parmi nous de la pénitence infligée à la philosophie des écoles. En voulant contenir un libre spiritualisme, on a ouvert toute grande au matérialisme une voie large et sans combat.

Un des premiers symptômes du réveil de la philosophie en Allemagne fut le succès inattendu d'un philosophe déjà vieux, qui, depuis plus de trente ans,
écrivait au milieu de l'indifférence publique, et dont
nous avons cité quelques paroles pleines d'humour et
de misanthropie : nous voulons parler de Schopenhauer. L'originalité incontestable de cet écrivain, son
style plein de couleur et d'amertume, d'une netteté
peu commune en Allemagne, ses invectives acerbes
contre la philosophie de l'école, la bizarrerie de son caractère misanthrope et pessimiste, une sorte d'athéisme
fier et hautain qui rappelle celui d'Obermann, ses qualités et ses défauts, convenaient assez à une époque de
lassitude intellectuelle où ni la foi ni la philosophie ne
satisfaisaient plus personne, la première n'ayant pu se
guérir des blessures du docteur Strauss, et la seconde
discréditée par l'abus du formalisme scolastique. Les
écoles allemandes, frappées d'abord par la réaction,
l'étaient maintenant par la philosophie libre et individuelle ; c'est encore ce qui s'est vu également en
France, où les écoles, fières d'avoir été frappées par
le parti rétrograde, se croyaient naïvement les déposi-
taires et les organes du libéralisme philosophique, lorsqu'elles se virent tout à coup attaquées du dehors par le
mouvement critique et positiviste et par le mouvement
hégélien, là-bas rétrograde, mais ici novateur : c'est
ainsi que nous nous sommes vus contraints, nous spiritualistes français, de passer subitement et sans prépa-
ration de la gauche à la droite.

Cependant le succès de la philosophie de Schopenhauer ne paraît avoir été en Allemagne qu'une crise passagère. Ce philosophe appartenait encore trop au mouvement qu'il combattait. C'est un idéaliste qui se rattache évidemment à Kant, et même à Fichte, et par ce côté ses doctrines sont évidemment surannées. Où est le temps où l'on pouvait écrire sérieusement et faire croire de pareils axiomes : « Je suis, parce que je veux être ? » En outre il faut être profondément versé dans les mystères de la phraséologie philosophique de l'Allemagne pour comprendre la différence qui peut exister entre la *volonté absolue*, qui est, suivant ce philosophe, l'essence du monde, et l'*idée absolue* de l'école hégélienne. Une volonté sans conscience et une idée sans conscience me paraissent se ressembler beaucoup et ne sont autre chose que l'activité instinctive et immanente de l'être absolu.

C'est dans un ordre d'idées plus positives que l'Allemagne dut chercher une philosophie. Ce furent la physiologie et les sciences naturelles qui la lui fournirent. Pendant tout le temps qu'avait régné la philosophie de l'identité, les sciences s'étaient isolées et tenues sur la réserve ; et même quelques grands savants, Œrsted, Oken, Burdach, Carus et même Müller, avaient évidemment été sous le prestige de l'idéalisme. Des réclamations s'étaient toutefois élevées au nom de l'expérience, et Gœthe lui-même, quoique poëte, mais savant en même temps que poëte, avait bien vu le vice de la méthode spéculative et de la science à priori. « Voici bientôt vingt ans, disait-il, que les Allemands font de la philosophie transcendante. S'ils viennent une fois à s'en apercevoir, ils se trouveront bien ridicules. » Cependant l'empire de la philosophie était si grand, qu'elle s'arrogeait le droit de traiter avec le plus haut dédain les objections de l'empirisme. Si l'on reprochait à cette philosophie de ne pas pouvoir expliquer les faits particuliers, Michelet de Berlin répondait avec hauteur que « de pareilles explications n'étaient pas au-dessus du savoir, mais au-dessous. » On répond ainsi quand on est le plus fort, mais de pareilles réponses se payent nécessairement un jour ou l'autre. C'est ce qui est arrivé en Allemagne à la philosophie de la nature. « La défaveur de ce système est telle, dit Büchner, que le nom de philosophie de la nature n'est presque plus qu'un terme de mépris dans la science. » Les sciences naturelles et positives ont repris le sceptre que la philosophie idéaliste avait été contrainte de céder ; elles ont eu à leur tour leur philosophie, qui n'est autre, il faut le dire, que le plus pur matérialisme. Le chef et le propagateur de ce nouveau mouvement a été M. Moleschott.

Évidemment l'école de Moleschott donne la main à l'école de Feuerbach. Celle-ci a rendu l'autre possible ; mais il y a une grande différence entre elles deux, elles ont deux origines différentes. L'école de Feuerbach a une origine hégélienne ; elle est née de la dialectique ; sans doute elle arrive aussi au matérialisme, mais c'est par la déduction, par l'entraînement logique des idées. C'est un matérialisme abstrait, accompagné de fanatisme athée et de passion politique mêlée d'illusion. M. Proudhon représente assez bien chez nous cette espèce de philo-

sophie raisonneuse, violente et chimérique. Le matérialisme de Moleschott et de ses amis a un tout autre
caractère : c'est un matérialisme physiologique fondé
sur la science, sur les connaissances positives, sur l'expérience. L'école nouvelle ressemble plutôt à l'école de
Cabanis, de Broussais et de Littré. Ce qui animait
Feuerbach, c'était l'esprit révolutionnaire; ce qui anime
Moleschott, c'est l'esprit positif, l'esprit des sciences.
En un mot, c'est la revanche de l'empirisme contre la
frénésie de la spéculation rationnelle à priori.

Le premier écrit où se trouvent exposées les doctrines de la nouvelle école est le livre de Moleschott,
intitulé *Le cours circulaire de la vie*(*Kreislauf des Lebens*),
ouvrage dont la première édition est de 1852, et la dernière ou quatrième de 1862. C'est un recueil de lettres
adressées au célèbre Liebig sur les principales matières
de la philosophie : l'âme, l'immortalité, la liberté, les
causes finales. Dans ce livre, Moleschott pose le principe du nouveau matérialisme : « Sans matière point
de force, sans force point de matière. » Il soutient
l'hypothèse d'une circulation indéfinie de la matière,
qui passerait sans cesse du monde de la vie au monde
de la mort, et réciproquement, et il exalte ce qu'il
appelle la toute-puissance de ses transmutations (*All-
gewalt des Stoffenwechsels*).

Le livre de Moleschott fit un grand bruit en Allemagne et secoua la léthargie philosophique des esprits ;
mais ce qui détermina surtout l'explosion du débat
entre le matérialisme et le spiritualisme, ce fut le discours prononcé en 1854 à Gœttingue, devant la réunion

des médecins et naturalistes allemands, par M. Rodolphe Wagner, l'un des premiers physiologistes de l'Allemagne. Dans ce discours, intitulé *De la création de l'homme et de la substance de l'âme* (1), M. Wagner examina cette question : « Où en est aujourd'hui la physiologie, d'après ses derniers résultats, par rapport à l'hypothèse d'une âme individuelle essentiellement distincte du corps? » Pour lui, il déclare que rien dans les résultats de la physiologie ne le conduit nécessairement à admettre une âme distincte, mais que l'ordre moral exige une telle hypothèse. Dans un autre écrit publié pour expliquer son discours et intitulé *Science et foi* (*Wissen und Glauben*), il distingue soigneusement ces deux domaines, et il dit : « Dans les choses de la foi, j'aime la foi simple et naïve du charbonnier ; en matière scientifique, je me compte parmi ceux qui aiment à douter le plus possible. »

Cet appel à la foi du charbonnier provoqua une réponse vive et mordante d'un naturaliste distingué, élève d'Agassiz, M. Charles Vogt, l'un des membres du parti radical en Allemagne, siégeant à l'extrême gauche du parlement de Francfort, depuis exilé à Genève, où il est devenu professeur et membre du conseil d'État (2). Il raillait cette double conscience que le savant de Gœttingue essayait de se procurer, l'une

---

(1) *Menschenschöpfung und Seelensubstanz.* Gœttingue, 1854.

(2) Voyez Laugel, *Science et philosophie* (Paris, 1862): *du problème de l'âme.* On trouve dans cet article des détails intéressants sur la question qui nous occupe.

pour la science, l'autre pour la religion, et il qualifiait cet expédient de « tenue des livres en partie double ». Mais ce n'est pas seulement dans cette brochure accidentelle que Charles Vogt donna des gages au matérialisme ; ce fut aussi dans des écrits plus scientifiques et plus étendus, dans ses *Tableaux de la vie animale* (*Bilder aus dem Thierleben*) et dans ses *Lettres physiologiques* (*Physiologische Briefe*), et enfin dans un récent morceau, plein d'esprit et de verve : *Leçons sur l'homme, sa place dans la création et dans l'histoire de la terre.* M. Vogt s'est rendu surtout célèbre dans cette polémique par le commentaire qu'il a donné à la définition de Cabanis : « La pensée est une sécrétion du cerveau. » Vogt, se défiant de l'intelligence de son lecteur, a cru devoir renchérir sur cette brutale formule, et il nous apprend que « le cerveau sécrète la pensée comme le foie sécrète la bile et les reins sécrètent l'urine », proposition si manifestement fausse, qu'un autre matérialiste M. Büchner, a cru devoir la réfuter.

M. Büchner n'en est pas moins, à son tour, l'un des disciples les plus ardents de Moleschott et l'un des interprètes les plus décidés du nouveau matérialisme. Son livre, *Matière et force*, est de tous les écrits de cette école celui qui a eu le plus de succès ; publié pour la première fois en 1856, il a eu en cinq ans sept éditions, et il vient d'être traduit dans notre langue par un ami et compatriote de l'auteur, qui, pour le dire en passant, aurait bien dû faire revoir sa traduction par quelqu'un qui sût le français. Quoi qu'il en soit, ce livre, court et nerveux, plein de faits, écrit avec rapidité et clarté, qualités toutes nouvelles dans un livre allemand, peut servir à résumer tous les autres, et contient en peu de pages tout le suc de la doctrine. C'est le vrai manuel du nouveau matérialisme.

Pour avoir une idée, sinon complète, au moins suffisante, de ce singulier mouvement philosophique, il faudrait mentionner encore M. Spietz, qui, dans sa *Physiologie du système nerveux* et dans sa dissertation *sur les conditions corporelles de l'activité de l'âme*, a exposé une doctrine matérialiste qu'il combine d'une manière assez étrange avec la foi à la révélation, ce qui a fait donner à son système le nom de *matérialisme croyant*. Il faudrait y joindre encore *Le système et l'histoire du naturalisme* par Édouard Lowenthal, ouvrage qui a été loué comme original par Feuerbach, quoiqu'il ne paraisse contenir après tout que le vieux système atomistique. Ce que j'y vois de plus remarquable, c'est que l'auteur va plus loin encore que Moleschott et Büchner; il leur reproche d'être des matérialistes éclectiques, et cela à cause de leur principe de l'union de la matière et de la force. Pour lui, la force n'est pas une condition essentielle et primordiale de la matière : elle n'est qu'un résultat de l'agrégation. Citons aussi, mais avec quelque réserve, M. Czolbe, car il mérite plutôt d'être mentionné parmi les sensualistes que parmi les matérialistes, comme on peut le voir dans sa *Nouvelle exposition du sensualisme* (*Neue Darstellung des Sensualismus*): Le caractère commun de tous ces écrits que

nous avons cités est de s'appuyer sur les sciences positives et d'abandonner presque entièrement la méthode
psychologique ou métaphysique, qui avait jusqu'ici,
soit en Allemagne, soit en France, soit en Angleterre,
caractérisé la philosophie.

Si le matérialisme a suscité en Allemagne une école
féconde et puissante, il faut reconnaître que le spiritualisme a élevé de son côté de nombreuses et d'importantes protestations. C'est surtout dans la philosophie proprement dite que le spiritualisme s'est recruté ;
mais il a cependant rencontré aussi d'habiles défenseurs
parmi les savants. Nous avons déjà dit que des débris de
la droite hégélienne s'est formée une école spiritualiste d'un caractère très-prononcé. L'un des principaux
représentants de cette école est M. Fichte fils, qui porte
avec honneur un nom célèbre dans la science. Dans
son *Anthropologie* (1), ce philosophe soutient la doctrine
d'une âme non corporelle, quoiqu'il semble admettre
avec Leibnitz que l'âme n'est jamais sans un corps ;
mais ce livre tout spéculatif est antérieur (au moins par
la première édition) à la querelle. M. Fichte s'y est mêlé
d'une manière plus particulière dans son écrit *sur la
question de l'âme (Zur Seelenfrage)*, qui est une des pièces
importantes du débat actuel. La doctrine spiritualiste
est d'ailleurs défendue dans un recueil philosophique
que M. Fichte a fondé avec deux de ses amis, MM. Ulrici
et Wirth, et qui est le plus considérable organe pério-

(1) *Anthropologie, die Lehre der menschlichen Seele.* Leipzig,
2e édition, 1861.

dique que la philosophie ait en Allemagne. C'est la *Revue de philosophie et de critique philosophique* (*Zeitschrift für Philosophie und philosophische Critik*), publiée à Halle. Dans ce recueil, la nouvelle doctrine matérialiste a été exposée et combattue avec beaucoup de force dans plusieurs articles par M. Zeising. L'un des directeurs du recueil, M. Ulrici, professeur à Halle, a exposé également les idées spiritualistes au point de vue religieux dans son beau livre intitulé *Dieu et nature* (*Gott und Natur*, Leipzig, 1862). Le spiritualisme a trouvé encore des recrues dans l'école de Herbart, dont M. Drobisch est aujourd'hui le principal représentant. On peut rattacher à la même doctrine, quoique non mêlés à la querelle actuelle, M. Ritter, le grand historien de la philosophie, et M. Trendelenbourg, l'un des adversaires les plus pénétrants de la philosophie hégélienne, et dont les *Recherches logiques* sont un des livres les plus remarquables qu'ait produits récemment la philosophie en Allemagne. Parmi les philosophes qui ont surtout attaqué directement MM. Moleschott, Büchner et Vogt, on doit nommer : M. Julius Schaller, auteur de *Corps et âme* (1), auquel il a depuis ajouté un ouvrage moins polémique et plus scientifique sur la *Vie spirituelle de l'homme* (2); M. Drossbach, auteur de *L'essence de l'immortalité individuelle ;* le docteur Michelis (*Le matérialisme érigé en foi du charbonnier*); M. Robert Schellwein, de Berlin (*La critique du matérialisme*) ; M. Tittman, de

---

(1) *Leib und Seele*, 3ᵉ édition. Weimar, 1858.
(2) *Das Seelenleben des Menschen*. Weimar, 1860.

Dresde ; M. Karl Fischer, d'Erlangen, etc.; puis, comme méritant une mention spéciale, ceux qui ont défendu la doctrine de l'âme, en se plaçant au point de vue des sciences positives, et parmi ceux-là, au premier rang, M. Lotze, physiologiste éminent, qui dans deux ouvrages célèbres, *La psychologie médicale* (1) et *Le microcosme* (2), a défendu le point de vue spiritualiste. M. Lotze revient au dualisme cartésien, et semble disposé à accorder que les lois de la vie doivent se ramener aux lois de la physique, de la chimie et de la mécanique; mais il sépare la pensée du corps : il accorde à l'âme seule le pouvoir législatif, et au corps le pouvoir exécutif. Quant à l'explication de la matière elle-même, M. Lotze adopte l'hypothèse monadologique de Leibnitz et de Herbart, et essaye de la mettre au niveau de la science contemporaine.

Ces quelques détails auront sufli pour montrer que les deux camps sont riches l'un et l'autre en défenseurs savants, passionnés, convaincus. Si l'on pouvait oublier un instant que ce sont les intérêts les plus chers de l'humanité qui sont ainsi livrés à d'éternelles disputes, on éprouverait une noble joie à voir d'aussi grandes questions exciter de part et d'autre tant d'hommes de science et de talent. Ces grands efforts pour résoudre d'aussi grands problèmes seront toujours comptés parmi les plus nobles emplois des facultés humaines. On a beau nous inviter à les oublier, ces immortels problèmes;

(1) Leipzig, 1852.
(2) Leipzig, 1858.

on a beau dire de regarder à nos pieds et pas au delà, on n'éteindra pas en nous la soif de l'invisible et de l'inconnu. Ceux-là mêmes qui réduisent tout à la matière ont encore la prétention de connaître le fond des choses et de pénétrer jusqu'aux premiers principes. L'Allemagne, en creusant, comme elle le fait depuis dix ans, le problème de l'esprit et de la matière, continue dignement la tradition philosophique, où elle occupe depuis si longtemps le premier rang. Le temps des grandes constructions métaphysiques paraît passé, au moins quant à présent. La philosophie est aux prises avec le réel, avec l'esprit positif du siècle. Triomphera-t-elle? parviendra-t-elle à maintenir l'idée de l'esprit dans un temps où la matière semble triompher de toutes parts? Voilà la question qui s'agite en Allemagne, et qui en même temps, sous une autre forme, s'agite en France. Il n'échappera en effet à personne que les phases que nous avons racontées ont d'assez grandes analogies avec celles que la philosophie française a traversées depuis 1848. Le progrès croissant du naturalisme parmi nous n'est plus un mystère pour personne. Cependant il est à propos de dire que, malgré la tendance irrésistible qui l'entraîne à ses conséquences ordinaires, le naturalisme français n'a pas encore osé arborer hardiment le drapeau du matérialisme, et qu'il s'en défend même avec hauteur. Il est manifeste que la philosophie française non spiritualiste en est à peu près où en était la gauche hégélienne en 1840 : Michelet de Berlin, Strauss, Feuerbach même, ont aujourd'hui des représentants parmi nous qu'il est inutile de nommer.

Quant à Moleschott et à Büchner, on ne pourrait guère trouver leurs analogues que dans quelques enfants perdus du positivisme qui affirment et tranchent avec audace là où le maître avait recommandé de s'abstenir absolument. Notre polémique s'adresse donc à l'Allemagne plus qu'à la France : chacun en fera d'ailleurs les applications qu'il jugera à propos.

II

EXPOSITION DU SYSTÈME DE M. BUCHNER.

Le principe de la nouvelle école matérialiste est ainsi exprimé par le docteur Büchner : « Point de force sans matière, point de matière sans force. » La force, selon Moleschott, n'est pas un dieu donnant l'impulsion à la matière : une force qui plane au-dessus de la matière est une idée absurde. La force est la propriété de la matière, et elle en est inséparable. Essayez de vous représenter une matière sans force, par exemple sans une force d'attraction ou de répulsion, de cohésion ou d'affinité : l'idée même de la matière disparaît, car il lui serait impossible alors d'être dans un état quelconque déterminé. Réciproquement, qu'est-ce qu'une force sans matière, l'électricité sans particules électrisées, l'attraction sans molécules qui s'attirent ? « Peut-on soutenir, dit Vogt, qu'il existe une faculté sécrétoire indépendante de la glande, une faculté contractive indépendante de la fibre musculaire ? » Ce sont là de pures abstractions. En un mot, comme le dit ingénieusement un savant physiologiste de Berlin, M. du Bois-Reymond, « la matière n'est pas un coche auquel, en guise de chevaux, on mettrait ou l'on ôterait des forces. » Chaque molécule matérielle a ses propriétés inhérentes et éternelles, et les porte partout avec elle. « Une particule de fer, dit le même écrivain, est et demeure la même chose, qu'elle parcoure l'univers dans l'aérolithe, qu'elle roule comme le tonnerre sur la voie ferrée d'une locomotive, ou qu'elle circule dans le globule sanguin par les tempes d'un poëte. » Il suit de ces principes que l'idée d'une force créatrice, d'une force absolue, séparée de la matière, la créant, la gouvernant suivant certaines lois arbitraires, est une pure abstraction. C'est une qualité occulte transformée en être absolu.

Ainsi la matière et la force sont inséparables, et l'une et l'autre existent de toute éternité. Immortalité de la matière, immortalité de la force, tel est le second principe de la philosophie que nous exposons. L'immortalité de la matière, soupçonnée depuis longtemps par la science, est devenue une vérité positive depuis les admirables découvertes de la chimie. La chimie a démontré que la même quantité de matière subsiste toujours, quelles que soient les combinaisons différentes où elle entre : c'est la balance qui nous a acquis ce grand résultat. Brûlez un morceau de bois, la balance du chimiste vous apprendra qu'aucune particule de matière n'a été perdue, et même que ce poids a été augmenté d'une certaine quantité perdue par l'air. Dans toutes les compositions ou décompositions de la chimie, il y a toujours équation entre les éléments et les produits, et réciproquement. La chimie démontre en outre que les diverses substances conservent toujours les mêmes propriétés. Ainsi la matière ne périt jamais, mais elle est dans un mouvement perpétuel ; c'est, comme le disait Héraclite d'Éphèse, un feu toujours vivant, un jeu que Jupiter joue éternellement avec lui-même. C'est une circulation incessante de matériaux, dont chaque combinaison accidentelle commence et finit ; mais ces matériaux se retrouvent toujours sous une forme ou sous une autre. « Le corps du grand César, dit Hamlet, sert à boucher un mur. » Ainsi rien ne vient du néant, rien ne retourne au néant. L'antique axiome de la philosophie atomistique est démontré.

Il en est de la force comme de la matière, elle est immortelle ; elle se transforme, elle ne périt pas. « Ce qui disparaît d'un côté, dit l'illustre Faraday, reparaît nécessairement d'un autre. » L'une des plus belles et des plus éclatantes applications de ce principe est la transformation de la chaleur en mouvement, et réciproquement. Par le frottement, on obtient du feu ; par de la vapeur d'eau, on obtient du mouvement. La quantité de mouvement perdue se retrouve en quantité de chaleur ; la quantité de chaleur perdue se retrouve en quantité de mouvement. Ainsi la force se conserve comme la matière, et il est facile de le prévoir d'avance. De ces considérations, on doit conclure que la matière et la force n'ont pas été créées, car ce qui ne peut pas être anéanti ne peut pas être créé. Réciproquement tout ce qui commence doit finir. Ainsi la matière est éternelle, mais elle seule est éternelle : sortis de la poussière, nous retournerons à la poussière. La matière n'est pas seulement éternelle, elle est infinie. Elle est infinie en petitesse et en grandeur. Le microcosme et le macrocosme sont l'un et l'autre infinis.

Ici M. Büchner parle comme Pascal, quoique avec moins d'éloquence. Qui ne se rappelle ce magnifique passage sur les deux infinis, où Pascal a déployé toutes les richesses et toutes les grandeurs de sa merveilleuse éloquence? Qui n'a présents à la pensée, d'une part cette sphère infinie dont le centre est partout et la circonférence nulle part, et de l'autre ce ciron qui contient des mondes à l'infini? La nouvelle philosophie allemande se distingue de l'ancien matérialisme en ce qu'elle admet la divisibilité à l'infini. L'atome n'est qu'une représentation de l'imagination. Ni l'observation ni la raison ne peuvent conduire à l'atome. Cette idée d'une division infinie épouvante notre esprit ; mais qu'y faire? il faut se résigner à l'incompréhensible.

La matière étant éternelle et infinie, il s'ensuit manifestement que ses lois sont universelles et immuables. C'est ce qui est évident par ce qui précède, car les lois de la matière résultent de ses propriétés. « Les lois sont les rapports nécessaires qui dérivent de la nature des choses. » Or les propriétés de la matière sont éternelles comme elle ; ainsi ses lois sont immuables. Si ses lois changeaient, c'est que la matière changerait de propriétés, ou qu'elle prendrait des propriétés contraires à son essence : ce qui est impossible. Au reste, l'expérience le démontre. Jamais les lois de la nature n'ont souffert le moindre changement. Les miracles n'ont lieu que pour les ignorants et devant les ignorants. Les hordes sauvages, les populations des montagnes, les classes peu éclairées, voient des miracles ; les siècles éclairés, les grandes villes, les centres de civili-

sation et d'incrédulité n'en voient pas. Ainsi point
d'intervention surnaturelle, point d'action accidentelle
et contingente d'une cause suprême,

Je ne sais qui a dit : « Les cieux ne racontent plus
la gloire de Dieu ; ils ne racontent que la gloire de
Newton et de Laplace. » M. Büchner accepterait volontiers cette maxime ; selon lui, plus la science du monde
a fait de progrès, plus l'idée d'une force créatrice, surnaturelle, providentielle, a été refoulée partout dans les
cieux ; nous ne voyons plus aujourd'hui qu'une loi mécanique, mathématique, loi résultant de la nature même
de la matière, et qui explique tous les phénomènes conformément aux principes de la géométrie et de la mécanique. Du ciel, passons à la terre. Ici encore nulle intervention immédiate de la Divinité : la science tend à démontrer de plus en plus que les grandes révolutions qui
ont agité la surface du globe ont été produites par des
causes semblables à celles que nous connaissons aujour-
d'hui. C'est le temps qui est ici le grand créateur. On
voit que le docteur Büchner admet comme parfaitement démontré le système géologique de M. Lyell, le
système des actions lentes. Les journées de création ne
sont plus que les évolutions insensibles d'une action
continue. Tout au plus pourrait-on admettre qu'à certains moments les actions des forces qui nous sont connues se sont déployées avec une plus grande puissance.
Voici maintenant le grand problème : n'y a-t-il pas eu
un moment sur ce globe où une force absolument nouvelle a apparu, la force de la vie ? Comment expliquer la
génération primitive ? Tout se réunit pour nous faire

admettre que la vie n'est qu'une combinaison particulière de la matière, et que cette combinaison a eu lieu aussitôt que les circonstances favorables ont été produites. En effet, aussitôt que ces circonstances ont lieu, la vie se manifeste, et à chaque changement de milieu correspond un changement équivalent et proportionné dans les formes de la vie. A chaque couche terrestre correspond par gradation un monde vivant : aux couches les plus anciennes, les formes les plus imparfaites ; aux couches les plus récentes, les formes les plus compliquées. Lorsque la mer couvrait partout les continents, il n'y avait que les poissons et les plantes aquatiques qui pussent exister. Le continent, à mesure qu'il s'est formé, s'est couvert de forêts qui ont absorbé la masse d'acide carbonique nécessaire aux plantes, nuisible aux animaux qui remplissaient l'air ; l'air, dépouillé de ce gaz perfide, est devenu propre à la respiration des animaux, Ainsi tout semble indiquer que les formes organiques sont les résultantes du milieu et des conditions extérieures où elles sont placées.

Le docteur Büchner et l'école allemande en général admettent donc sans hésiter les générations spontanées. Là où l'air, la chaleur et l'humidité combinent leur activité, là se développe avec une certaine rapidité ce monde infini d'animaux microscopiques que l'on appelle les infusoires. Cependant M. Büchner est un peu ébranlé par les nombreuses et très-fortes raisons qui militent contre les générations spontanées. Il s'en tire par une hypothèse. — Suivant lui, on pourrait supposer que les germes de tous les êtres vivants existent

de toute éternité, et ont attendu pour se développer la
production des circonstances favorables; que ces
germes, dispersés dans l'espace, sont descendus sur la
terre après la formation de la couche solide, et ont
éclos lorsqu'ils ont trouvé les milieux qui leur étaient
nécessaires.

Partisan peu déguisé, malgré cette hypothèse, des
générations spontanées, le docteur Büchner l'est également, on doit le prévoir, de la transformation des
espèces : car quelque part que l'on soit disposé à
accorder aux puissances génératrices de la matière, il
est difficile de soutenir que la nature ait pu produire
spontanément un homme, un cheval, un éléphant, surtout lorsqu'on professe que la nature n'a jamais mis en
jeu que des forces semblables à celles que nous connaissons. C'est pourquoi, lorsqu'on est décidé à écarter
l'hypothèse d'une puissance créatrice et d'une intervention providentielle, on est amené à supposer que
toutes les formes organiques naissent les unes des autres par des modifications insensibles. L'auteur s'appuie principalement sur ces deux faits : — le germe de
toutes les espèces se ressemble ; et l'animal, à mesure
qu'il se développe, passe par toutes les formes inférieures du règne animal, ou du moins il représente,
aux différents degrés de son développement, les types
principaux de la série ; — les animaux fossiles paraissent n'être autre chose que les embryons des animaux
actuels. Agassiz l'a démontré pour les poissons, et il
conjecture la même vérité pour toutes les autres classes
d'animaux. D'après ces deux faits, pourquoi ne pour-

rait-on pas conjecturer que le règne animal a commencé par les formes les plus générales et les plus embryonnaires, et que peu à peu, sous les influences des circonstances extérieures, ces formes générales se sont modifiées et diversifiées?

Le livre du docteur Büchner est antérieur au livre célèbre du docteur Darwin sur l'origine et la transformation des espèces, sans quoi il n'aurait pas manqué de s'en servir pour défendre son hypothèse; mais il le cite avec admiration dans une note de la dernière édition, et nous dit qu'il ne se doutait pas que la science viendrait si vite confirmer ses conjectures et lui apporter les preuves les plus convaincantes à l'appui de ses assertions. Darwin lui sert surtout à résoudre le problème difficile de l'appropriation des formes au milieu; en d'autres termes, le problème des causes finales.

On prévoit que le matérialisme moderne, comme le matérialisme ancien, doit s'élever avec beaucoup d'énergie contre les causes finales, contre l'hypothèse d'un prétendu dessein dans la nature. On prétend que, dans la nature, tout a été fait pour l'usage de l'homme! Mais alors à quoi bon les animaux nuisibles? Les théologiens de tous les temps se sont torturé l'esprit de la façon la plus comique pour expliquer l'existence de pareils êtres. À quoi bon la maladie, et tous les maux physiques en général? Les théologiens disent que la maladie est le résultat du péché; mais c'est une erreur causée par l'ignorance. La maladie est aussi ancienne que la vie organique; la paléontologie nous montre beaucoup d'ossements d'animaux changés par la ma-

ladie. Les couleurs des fleurs, dit-on, sont faites pour
charmer les yeux ; mais combien de fleurs se sont épa-
nouies et s'épanouiront sans que l'œil de l'homme les
ait jamais vues ! On insiste sur l'utilité des organes et
leur appropriation à une fin ; mais l'anatomie comparée
nous fait connaître un grand nombre d'organes inutiles
et rudimentaires qui, utiles pour une espèce, sont tout
à fait inutiles dans d'autres espèces : par exemple, les
mamelles rudimentaires de l'homme, les dents de la
baleine, etc. Il y a des animaux hermaphrodites qui
possèdent les organes des deux sexes, et ne peuvent
cependant se féconder eux-mêmes. A quoi bon cette
complication ? Les monstruosités sont encore une preuve
décisive contre les causes finales. Il y a des animaux
parfaitement conformés qui naissent sans tête, et par
conséquent dont la vie est impossible. N'est-il pas
absurde que la nature se donne la peine d'achever de
pareilles formes, qui sont parfaitement inutiles? On
invoque la *vis medicatrix;* mais à quoi bon les médecins, si la nature se guérit toute seule ? Et combien de
fois ceux-ci ne voient-ils pas dans les maladies, dans
les blessures, la nature agir à contre-sens, et mettre en
péril la vie du malade? Pourquoi, dit M. Littré, la
nature ne nous avertit-elle pas quand nous avalons un
poison? Pourquoi ne le rejette-t-elle pas? Pourquoi
l'introduit-elle dans la circulation, comme si c'était un
aliment utile? Pourquoi enfin, lorsque le poison est
absorbé, détermine-t-elle des convulsions qui ne servent de rien au malade, et qui l'emportent?

Mais, s'il n'y a pas dans la nature de puissance qui

agisse conformément à un but, comment se produisent ces appropriations qui nous émerveillent? Selon Büchner, c'est l'énergie des éléments et des forces de la matière qui, dans leur rencontre fatale et accidentelle, a dû donner naissance à d'innombrables formes, lesquelles devaient se limiter mutuellement, et se répondre en apparence les unes aux autres, comme si elles étaient faites l'une pour l'autre. Parmi toutes ces formes, celles-là seules ont survécu qui se sont trouvées appropriées d'une manière quelconque aux conditions du milieu. Que de tentatives malheureuses ont dû être faites et ont avorté parce qu'elles n'ont pas rencontré les conditions nécessaires à leur existence !

C'est ici que le livre de Darwin vient heureusement à l'appui du docteur Büchner pour lui fournir le principe dont il a besoin pour expliquer la disparition de certaines espèces, la conservation des autres. Le système de Darwin repose sur deux principes, le principe de l'élection naturelle, le principe de la concurrence vitale. Toutes les races vivantes se disputent la nourriture, toutes combattent les unes contre les autres pour la conservation et pour l'empire. Cet état de guerre, que Hobbes rêvait seulement entre les hommes primitifs, c'est la loi universelle de la vie animale. Dans cette lutte, les moindres avantages peuvent servir à donner la supériorité aux uns sur les autres, à assurer la conservation de certaines formes et la disparition de celles qui étaient moins favorisées. La conformité du but n'est donc qu'un résultat, et non une intention; c'est le résultat de certaines causes natu-

2.

relles, qui ont amené accidentellement ces diverses
appropriations.

Après avoir cherché à établir que la force active de
la nature ne peut pas être séparée de la nature elle-
même, les matérialistes emploient des arguments analogues contre cette autre force que nous appelons
âme, et qui n'est, suivant eux, qu'une simple fonction
de l'organisation.

S'il y a une proposition évidente pour le physiologiste et le médecin, c'est que le cerveau est l'organe
de la pensée, et que l'un est toujours en proportion de
l'autre. La grandeur de l'intelligence est en rapport
avec la grandeur, la forme, la composition chimique
du cerveau. Parlons d'abord de la grandeur. Les animaux qui n'ont pas de cerveau, ou qui n'en ont que
des rudiments, sont placés au plus bas degré de
l'échelle intellectuelle. Si quelques animaux paraissent
avoir un plus grand cerveau que l'homme, c'est surtout par le développement des parties qui président
aux fonctions de relation et de sensation ; mais celles
qui président aux fonctions propres de la pensée sont
plus petites que chez l'homme. La forme du cerveau
n'est pas moins intéressante à étudier que sa grandeur.
On a trouvé aussi dans les anfractuosités ou circonvolutions cérébrales les causes de la diversité des intelli-
gences. Le professeur Huschke a démontré que l'intelligence des races animales était en proportion du
nombre des sinuosités cérébrales. Suivant le célèbre
Wagner, qui a disséqué le cerveau de Beethoven, ce
cerveau présentait des anfractuosités plus profondes et

plus nombreuses que celles des cerveaux ordinaires. Les stries du cerveau, à peine visibles chez l'enfant, augmentent chez l'adulte, et l'activité intellectuelle augmente avec elles. Les observations sur la démence, l'idiotisme et la folie confirment ces données. Selon le docteur Parchappe, le poids du cerveau diminue en raison du degré plus ou moins fort de la démence. Le crétinisme provient toujours d'une déformation du cerveau. La plupart des médecins sont d'accord pour reconnaître que dans la plupart des cas de folie, on trouve des altérations morbides dans le cerveau ; et si l'on ne peut les constater dans tous les cas, c'est sans doute à cause de l'imperfection de nos moyens anatomiques. Mêmes observations pour la comparaison des races humaines : quelle différence entre le crâne d'un nègre et le crâne noble et développé de la race européenne ! Si l'intelligence est en raison directe du cerveau, la réciproque n'est pas moins vraie. Le développement et l'exercice de l'intelligence développent le cerveau, comme l'exercice du lutteur développe les muscles. Si l'on compare les crânes modernes aux crânes antiques, il est indubitable que le crâne des Européens a considérablement grandi en valeur. Plus le type est ancien, plus le crâne est développé dans la partie occipitale, plus il est plat dans la partie frontale. Les chapeliers savent par expérience que les classes cultivées ont besoin de plus grands chapeaux que les classes du bas peuple.

Quant à la composition chimique du cerveau, elle est beaucoup moins simple qu'on n'a pu le croire, et il

contient des substances complexes qu'on ne rencontre
nulle part ailleurs, telles que la cérébrine, etc. Certaines matières grasses paraissent avoir une importance
considérable dans la composition cérébrale. Le rôle du
phosphore y est aussi très-important, et Moleschott a
pu dire : « Sans phosphore, point de pensée. »

Tout en admettant que l'âme ou la pensée est et n'est
autre chose qu'une fonction organique, le docteur
Büchner combat cependant la célèbre doctrine de Cabanis que « la pensée est une sécrétion du cerveau »,
doctrine qu'un autre écrivain matérialiste a cru devoir
rajeunir en ces termes : « Il y a le même rapport entre
la pensée et le cerveau qu'entre la bile et le foie, l'urine
et les reins. » M. Büchner veut bien reconnaître que
cette comparaison n'est pas heureuse, « car, dit-il avec
raison, l'urine et la bile sont des matières palpables,
pondérables et visibles ; ce sont en outre des matières
excrémentitielles que le corps a usées et qu'il rejette,
tandis que la pensée n'est pas une matière que le cerveau produit et rejette, c'est l'action même du cerveau.
L'action de la machine à vapeur ne doit pas être con-
fondue avec la vapeur rejetée par la machine. » La
pensée est la résultante de toutes les forces réunies
dans le cerveau ; cette résultante ne peut pas être vue,
elle n'est, selon toute apparence, que l'effet de l'électricité nerveuse. « Il y a, dit Huschke, le même rapport
entre la pensée et les vibrations électriques des filaments du cerveau qu'entre la couleur et les vibrations
de l'éther. »

C'est à Moleschott qu'il appartient de résumer profondément cette doctrine en ces mots : « La pensée est un mouvement de la matière. »

Telles sont les grandes lignes du système du docteur Büchner et les principales raisons du nouveau matérialisme allemand. Il est assez inutile d'insister sur les derniers chapitres du livre *Matière et force*, chapitres qui traitent des idées innées, de l'immortalité de l'âme, de la différence de l'homme et de l'animal : ces chapitres sont tellement dénués d'aperçus nouveaux, les solutions et les idées sont tellement prévues par tous ceux qui ont quelque habitude de ces questions, que ce serait perdre notre temps que de nous y arrêter davantage. Tels qu'ils sont, ils achèvent et complètent l'exposition du système matérialiste le plus net, le plus franc et le plus lumineux qui ait paru en Europe depuis le fameux *Système de la nature*. L'auteur ne peut prétendre assurément à aucune invention, à aucune originalité ; mais il a rassemblé ce qui était épars, lié ce qui était incohérent, dit tout haut ce que beaucoup pensent tout bas, et cela dans un livre court, rapide, clair, bien composé. Il nous rend un vrai service en nous donnant un adversaire à combattre au lieu de ces fantômes insaisissables qui, flottant sans cesse entre le matérialisme et le spiritualisme, ne permettent de les atteindre en aucun endroit.

III

DE LA MATIÈRE EN GÉNÉRAL.

Tout esprit philosophique, en lisant l'exposition précédente du système du docteur Büchner, aura sans doute été frappé d'une étrange lacune : c'est que l'auteur, qui explique tout par l'existence de la matière, a entièrement oublié de nous dire ce que c'est que la matière et ce qu'il entend par ce mot. Ce n'est pourtant pas là une question de peu d'importance, et elle a occupé pendant des siècles des hommes qui n'étaient ni des fous ni des enfants. Ne sait-on pas que, dans l'idée de ce que nous appelons corps et matière, il entre deux éléments bien différents : l'un qui vient de nos sensations, et qui n'est autre chose que l'ensemble des diverses modifications de nos organes ; l'autre qui vient du dehors, et est réellement distinct et indépendant de nos impressions ? Or, lorsqu'on soutient que la matière est le principe des choses, on parle évidemment de la matière telle qu'elle est en soi, et non telle qu'elle nous apparaît ; car, si l'analyse venait à démontrer que l'idée de la matière n'est composée que de nos sensations et ne contient rien d'extérieur, la matière disparaîtrait par cela même, n'étant plus qu'une modification de notre esprit, et le matérialisme se changerait en idéalisme. Il est donc de toute évidence que la première condition d'un système matérialiste est de faire le partage de ce qui vient de nous-mêmes et de ce qui vient du dehors dans la notion de corps ou de matière ; mais ce partage est très-difficile, comme le prouve l'histoire de la science. M. Büchner s'en est entièrement dispensé, et son système pèche dès lors par la base.

Essayons de faire ce qu'il n'a pas fait, montrons par l'analyse combien la notion de matière est obscure et imparfaite, combien peu elle se suffit à elle-même, combien elle s'évanouit et se disperse à l'examen. « C'est un je ne sais quoi, dit Fénelon, qui fond en mes mains dès que je le presse. »

Il faut rechercher d'abord ce qu'on entend vulgairement par un corps. Un corps est une masse solide, colorée, résistante, étendue, mobile, odorante, chaude ou froide, etc. ; en un mot, c'est un objet qui frappe mes sens, et je suis tellement habitué à vivre au milieu de tels objets, à m'en servir, à en jouir, à les craindre, à les espérer, qu'ils me paraissent ce qu'il y a de plus réel au monde ; je ris de ceux qui les mettent en doute, et si je veux me représenter par l'imagination mon propre esprit, je lui donne la forme d'un corps. Qu'y a-t-il de solide et de fidèle dans cette sorte de représentation de la matière ? La philosophie, pour répondre à cette question, commence par distinguer l'apparence de la réalité. Cette distinction, les sciences les plus exactes et les plus positives nous l'ont rendue familière. En astronomie, tout repose sur la distinction des mouvements réels et des mouvements apparents. Si nous consultons les apparences, le soleil paraît se mouvoir d'orient en occident, entraînant avec lui les planètes. Dans la réalité, c'est la terre qui se meut et qui possède deux mouvements que nous ne ressentons ni l'un ni l'autre, l'un de rotation sur elle-même, l'autre de translation autour du soleil. Il faut distinguer aussi dans les astres la grandeur apparente et la grandeur réelle, la situation apparente et la situation réelle. Pour avoir la hauteur vraie d'un astre dans l'espace, les astronomes sont obligés de tenir compte de la déviation des rayons lumineux à travers l'atmosphère, c'est-à-dire de la réfraction. Toute l'optique en général nous apprend à ne pas confondre les apparences visibles avec la vraie forme, la vraie grandeur, la vraie position, le vrai mouvement des objets.

Nous sommes autorisés, par tous ces faits et par d'autres bien connus, à nous demander si, dans la notion que nous nous faisons des corps, il n'y a pas une part qu'il faut attribuer à l'observateur lui-même, qui vient de lui et qui disparaît avec lui. Parmi les qualités que nous attribuons à la matière, il y en a deux surtout qui nous paraissent animer la nature, et sans lesquelles elle nous semblerait livrée à la mort : c'est la lumière et le son. Eh bien ! demandons aux physiciens ce que c'est que le son, ce que c'est que la lumière. Voici ce qu'ils nous répondent : Le son et la lumière sont des vibrations, c'est-à-dire des mouvements. Arrêtons-nous quelques instants sur cette belle théorie physique qui a jeté un si grand jour sur la question de la perception extérieure.

Si l'on pince une corde tendue, on lui communique un mouvement de va-et-vient et d'oscillation que nos sens peuvent saisir : le toucher la sent frémir sous le doigt ; la vue, à la place d'une ligne très-nette, perçoit une corde renflée vers le milieu et beaucoup moins lumineuse, dont le renflement va sans cesse en diminuant jusqu'à ce qu'elle soit revenue à l'état de repos. Cette sorte de mouvement est ce qu'on appelle une vibration, et c'est de ce fait élémentaire qu'est sortie toute la théorie vibratoire, si considérable dans la physique moderne, et qui est appelée à un si grand avenir. Or, tant que dure la vibration, tant que le doigt sent frémir la corde, nous entendons un son. Le son commence et finit avec la vibration. Il y a plus, les expériences les plus exactes et les calculs les plus précis établissent un rapport rigoureux entre la hauteur des sons produits et le nombre des vibrations, nombre qui lui-même est en relation constante avec la longueur des cordes, la tension, etc. Il est donc permis d'affirmer que la cause unique du son ou de la sensation sonore est un mouvement. Ce mouvement se communique par l'air, qui lui-même est un corps vibrant, jusqu'à l'oreille, instrument habilement disposé pour rassembler et transmettre les vibrations aériennes au nerf acoustique. C'est là, là seulement, que cesse le son mécanique et qu'il est remplacé par le son sensible. C'est là que le mouvement se transforme en sensation, phénomène inexpliqué et peut-être absolument inexplicable.

Ce qu'il y a de certain, c'est que jusqu'au moment où le nerf acoustique entre en jeu, il n'y a absolument autre chose en dehors de nous qu'un mouvement vibratoire, de telle sorte que si nous supposons un instant que l'auditeur disparaisse, que le nerf capable de percevoir le son soit détruit ou paralysé, qu'il n'y ait sur la terre ou dans l'espace aucun animal capable d'entendre, il n'y aura rien en dehors de nous, absolument rien qui ressemble en quoi que ce soit à ce que nous appelons un son.

Il a fallu bien du temps, bien des expériences, bien des raisonnements, pour appliquer à la lumière cette théorie des vibrations. Les vibrations sonores peuvent être perçues par les sens, les vibrations lumineuses ne le sont pas; le milieu élastique qui transmet le son est également perçu par les sens, c'est l'air; le milieu élastique qui est censé transmettre la lumière ne tombe sous aucun de nos sens, c'est l'éther. Il suit de là que pour le son, la théorie vibratoire est immédiatement donnée par l'expérience, et n'est que le résumé des faits; pour la lumière au contraire, la théorie vibratoire est une hypothèse conçue par l'esprit, et qui peut être plus ou moins vérifiée par l'expérience : de là la lenteur avec laquelle cette théorie s'est introduite et les difficultés qu'elle a rencontrées. Quoi qu'il en soit, elle est aujourd'hui définitivement admise par les physiciens, et ici encore on a pu dire : Considérée hors de nous, hors du sujet sentant, hors de l'œil qui la voit, la lumière n'est qu'un mouvement. La sensation lumineuse est un phénomène propre à l'œil vivant, qui ne peut avoir lieu qu'en lui et par lui.

Mais voici qui est bien plus extraordinaire et qui

prouve d'une manière décisive à quel point nos sensations sont subjectives et dépendantes de nos organes, et combien nos idées sur la matière, telle que les sens nous la donnent, doivent être rectifiées par l'esprit : c'est l'identité, à peu près admise aujourd'hui par tous les physiciens, de la chaleur et de la lumière. Quoi de plus différent, au point de vue de la sensation, que ces deux ordres de phénomènes? Ils paraissent même très-souvent séparés. Je puis avoir chaud dans l'obscurité, par exemple dans les mines, et froid par une lumière éclatante. Malgré ces oppositions superficielles et apparentes, les expériences de Melloni ont tellement multiplié les analogies entre les deux agents que la science n'hésite guère à conclure à leur identité (1). La chaleur, comme la lumière, se meut en ligne droite et avec la même vitesse ; elle se réfléchit comme la lumière ; comme elle, elle se réfracte et selon les mêmes lois ; elle se transmet à travers les corps, ainsi que la lumière elle-même. Enfin on sait que par l'addition de deux lumières on peut produire de l'obscurité; eh bien ! en combinant deux sources de chaleur, on peut produire du froid : c'est ce qu'a prouvé une remarquable expérience de MM. Fizeaux et Foucault (2). Pour conclure avec un remarquable traité de physique récent: « Jamais, quand on s'est adressé à un rayon simple, on n'a

(1) Melloni, *De l'identité des rayons de toutes sortes* (*Bibliothèque universelle de Genève*, 1842). Voyez, sur les travaux de Melloni, une intéressante étude de M. Jamin dans la *Revue des deux mondes* du 15 décembre 1854.

(2) Verdet, *Théorie mécanique de la chaleur*, p. 16.

trouvé une variation de lumière sans une variation cor-
respondante de chaleur. Une telle concordance de résultats donne à penser que la chaleur et la lumière ne
sont peut-être que les manifestations différentes d'un
seul et même rayonnement; la différence ne résulterait que de l'espèce de modification que peut subir
l'objet frappé. Sur la vue, ce rayonnement donnerait
l'impression de lumière ; sur le toucher, l'impression
serait toute différente (1). »

En dehors de nous, en dehors du sujet sentant, il
n'y a donc pas deux choses, chaleur et lumière, mais
une seule, qui se diversifie dans nos organes de sensation. La chaleur, c'est la lumière perçue par les nerfs
tactiles, et la lumière, c'est la chaleur perçue par le nerf
optique. Enfin, comme nous avons vu que la lumière
n'est qu'un mouvement, la chaleur aussi n'est qu'un
mouvement. Ainsi, pour résumer toute cette théorie,
abstraction faite du sujet sentant ou vivant, de l'animal
en un mot, il n'y a dans la nature ni chaud, ni froid,
ni lumière, ni obscurité, ni bruit, ni silence ; il n'y a
que des mouvements variés, dont la mécanique détermine les lois et les conditions.

La physiologie vient à l'appui de la physique pour
démontrer la subjectivité de nos sensations. Voici la loi
fondamentale de nos sensations, suivant Müller, le
grand physiologiste allemand : « La même cause peut
produire des sensations différentes dans les diverses
espèces de nerfs ; les causes les plus différentes pro-

---

(1) *Traité élémentaire de physique*, par MM. d'Almeida et Boutan.

duisent une même sensation dans chaque catégorie de nerfs (1). » C'est ainsi que l'électricité mise en contact avec chacun de nos sens détermine dans chacun d'eux des sensations spéciales : dans l'œil des phénomènes lumineux, dans l'oreille des sons, dans la bouche des saveurs, dans les nerfs tactiles des picotements. Les narcotiques produisent également des phénomènes internes d'audition et de vision, des bourdonnements dans les oreilles, des flamboiements dans les yeux, des fourmillements dans les nerfs tactiles. Réciproquement, la sensation lumineuse est produite dans l'œil par les vibrations de l'éther, par des actions mécaniques, par un choc, un coup, par l'électricité, par des actions chimiques. Il en est de même de chacun des autres sens. Müller conclut de ces faits que les sens ont chacun leurs énergies distinctes et déterminées, qui en sont comme les qualités vitales, et il approuve cette belle théorie d'Aristote, anticipation de tout ce que nous venons de dire, à savoir que la sensation est « l'acte commun du sensible et du sentant. »

Je suis loin de vouloir affirmer qu'il n'y a rien d'extérieur et, comme on dit, d'objectif dans nos perceptions, et que tout se réduit aux divers états du sujet sentant. Rien de plus éloigné de ma pensée qu'une telle supposition. On peut donner d'excellentes raisons pour établir la réalité du monde extérieur, et la meilleure sans doute est que nous ne pouvons pas nous empêcher de l'admettre. Il n'y a donc pas lieu de douter de la

(1) Müller, *Physiologie*, t. II, l. v., Notions préliminaires.

réalité des choses extérieures, et un pareil doute sera
toujours frivole ; mais ce qui n'est pas frivole, c'est la
difficulté où nous sommes de déterminer avec précision ce qui est extérieur et ce qui ne l'est pas, difficulté
à laquelle est suspendue toute l'hypothèse matérialiste.

Pour ne pas trop prolonger ce débat, je suppose que
l'on ait démontré par l'analyse et par le raisonnement
que ce qu'il y a d'extérieur dans la matière, c'est tout
ce que nous concevons pouvoir subsister en l'absence
du sujet sentant, par exemple, l'étendue, le mouvement,
l'impénétrabilité. Ici les difficultés cessent d'être psy-
chologiques ; elles deviennent métaphysiques. J'en signalerai seulement deux de la plus haute importance :
la divisibilité à l'infini et la coexistence de la force et
de l'étendue.

M. Büchner, abandonnant sur ce point la tradition
matérialiste, renonce à l'hypothèse des atomes, et
admet la divisibilité à l'infini de la matière ; mais par là
même il me paraît laisser échapper tout ce qu'il y a de
positif et de clair dans le concept de la matière. Par la
divisibilité à l'infini, la matière s'évanouit et se disperse,
sans qu'on puisse saisir et retenir un seul instant son
image. Imaginez en effet un composé, soit, par exemple,
un monceau de sable : qu'y a-t-il de réel dans cet objet ?
Ce sont évidemment les grains de sable dont il est composé, car le composé lui-même n'est quelque chose que
pour mon esprit : il n'est que la somme de ses parties ;
s'il n'y avait pas de parties, il ne serait pas. On peut
donc dire en toute rigueur qu'un composé n'a de réalité que celle qu'il doit à ses particules intégrantes :

c'est une forme qui n'est rien sans la matière à laquelle
elle s'applique. Le monceau de sable n'ayant de réalité
que celle des grains de sable qui le composent, supposons maintenant que le grain de sable lui-même soit
un composé : ce grain de sable n'aura, comme le monceau lui-même, qu'une réalité provisoire et relative,
subordonnée à la réalité de ses particules constituantes.
Supposez la même chose de ces mêmes parties : elles
ne seront pas encore elles-mêmes la réalité que nous
cherchons, et, poursuivant cette recherche jusqu'à
l'infini, puisqu'il n'y a pas de dernier terme, nous ne
trouverons jamais ce qui constitue la réalité de la matière. Nous dirons donc de la matière en général ce
que nous disons de chaque composé en particulier,
qu'elle n'est qu'un être provisoire et relatif, subor-
donné à quelque condition absolue que nous ignorons.

Le même raisonnement peut s'appliquer à la force
comme à la matière, ces deux choses étant inséparables, suivant MM. Moleschott et Büchner. Si la matière
est divisible à l'infini, la force l'est également; mais
nous dirons, comme tout à l'heure, qu'une force composée n'a d'autre réalité que celle des forces compo-
santes dont elle résulte. La force d'un attelage de deux
chevaux n'est que la somme de deux forces inhérentes
à ces chevaux. Dans la réalité, ce qui existe, ce n'est
pas la résultante que le mathématicien considère, ce
sont deux forces distinctes et associées. S'il en est ainsi,
la force générale répandue dans un morceau de matière doit se ramener aux forces élémentaires inhérentes aux particules du tout; mais, si ces particules

elles-mêmes sont composées, les forces qui y adhèrent le sont aussi, et par conséquent ne sont pas encore les vraies forces que nous cherchons. Enfin, si toute force est divisible à l'infini, nous ne trouverons jamais la dernière force, cet atome de force sans lequel la force composée n'est rien de éel. Ainsi la force s'évanouit comme la matière même..

Essayez maintenant de concevoir cet infini divisible (matière et force) comme un absolu qui existe par soi-même, vous n'y parviendrez pas. Qu'y a-t-il, que peut-il y avoir d'absolu dans un composé? Ce sont les éléments, car personne ne dira, par exemple, que cet arbre, cette pierre, possèdent l'existence absolue. Ces êtres ne sont que des formes accidentelles produites par la rencontre des éléments. Le tout lui-même, le *cosmos*, n'est que la forme des formes, la somme de toutes les formes antérieures. La nécessité absolue de la matière ne peut donc résider que dans les éléments de la matière, et c'est là que les matérialistes l'ont toujours placée. Mais s'il n'y a pas d'éléments, où réside alors la nécessité absolue? Et comment la matière pourrait-elle être conçue comme existant par elle-même?

Ainsi la divisibilité infinie de la matière, si elle était admise comme véritable, devrait conduire l'école allemande à admettre un principe différent de la matière qui, donnant quelque consistance à cette fluidité absolue, lui permettrait d'exister. En un mot, une étude plus approfondie du problème ramènera la nouvelle école du matérialisme à l'idéalisme.

Ce n'est pas tout. MM. Moleschott et Büchner ont
posé comme principe évident par soi-même la coexistence nécessaire de la matière et de la force ; mais si
dans les corps vous faites abstraction de la force, de
laquelle dérivent déjà le mouvement et l'impénétrabilité, que reste-t-il pour constituer la matière ? Rien
autre chose que l'étendue. La matière est donc une
chose étendue, douée de force. Cette chose étendue se
meut, c'est-à-dire qu'elle se déplace dans l'espace : elle
se distingue donc de l'espace qui la contient. Or c'est
ici précisément que le matérialisme a toujours été très-
embarrassé ; car comment distinguer cette particule
étendue de la particule d'espace à laquelle elle correspond, et qu'elle remplit? L'imagination, qui prend
ici la place de l'entendement, nous représente bien une
espèce de grain de poussière flottant dans l'air. C'est
ainsi que les atomes d'Épicure flottaient dans le vide.
Mais commencez par dégager ce grain de poussière de
tout ce que la vue ou les autres sens nous en font connaître, réduisez-le à l'étendue et à la force, n'oubliez
pas que la force est une propriété de la matière, et par
conséquent de l'étendue, et dites-vous que cet atome,
considéré en soi, n'est pas autre chose qu'une portion
d'étendue. Il n'a donc aucun caractère par lequel il
puisse se distinguer de la portion d'espace correspon-
dante qu'il est censé habiter. Ne dites pas qu'il s'en distingue par la force qui l'anime, car alors ce serait la
force qui constituerait la matière ; la matière se perdrait dans la force, ce qui est le contraire de votre système et l'abandon du principe matérialiste. Si au

contraire vous admettez une matière essentiellement étendue, vous la confondrez, comme Descartes, avec l'espace, et alors essayez de comprendre le mouvement, la figure, la diversité, dans cet espace infini, homogène et plein !

J'en ai dit assez pour établir que le nouveau matérialisme allemand a montré dès son début une assez grande ignorance des questions, en posant comme principe la coexistence de la force et de la matière sans donner aucune définition ni de l'une ni de l'autre, et sans montrer par quels liens elles s'unissent. L'insuffisance démontrée du principe se manifeste dans toutes ses conséquences. C'est ce que nous allons voir dans les chapitres suivants.

IV

LA MATIÈRE ET LE MOUVEMENT.

Quelque inconnue que nous soit l'essence de la
matière, il est cependant une de ses propriétés bien
certaine qui se concilie difficilement avec l'hypothèse
d'une matière éternellement subsistant par elle-
même, ayant en soi, en soi seule, la raison de toutes
ses déterminations : cette propriété est ce que l'on
appelle l'*inertie*. Voilà bien longtemps que l'on a cru
trouver dans l'inertie la preuve d'une puissance supérieure à la matière, d'un premier moteur. A la vérité,
beaucoup de philosophes et de savants semblent considérer cet argument comme suranné, et lui attribuent
assez peu d'importance. Je crois cependant qu'en y
réfléchissant plus profondément, on pourrait rendre
à cette preuve toute sa portée.

Établissons d'abord avec exactitude ce que l'on appelle inertie. Nous ne pouvons mieux faire apparem-
ment que de rapporter les définitions de Newton, de
d'Alembert et de Laplace.

Voici la loi exposée par Newton au commencement
de ses *Principia philosophiæ* : « Corpus omne perse-
» verare in statu suo quiescendi vel movendi unifor-
» miter in directum, nisi quatenus à viribus im-

» pressis cogitur statum suum mutare. » D'Alembert exprime la même loi sous cette forme : « Un corps abandonné à lui-même doit persister éternellement dans son état de repos ou de mouvement uniforme. » Enfin Laplace s'exprime ainsi avec un peu plus de développement : « Un point en repos ne peut se donner de mouvement, puisqu'il ne renferme pas en soi de raison pour se mouvoir dans un sens plutôt que dans un autre. Lorsqu'il est sollicité par une force quelconque et ensuite abandonné à lui-même, il se meut constamment d'une manière uniforme dans la direction de cette force ; il n'éprouve aucune résistance, c'est-à-dire qu'à chaque instant sa force et sa direction de mouvement sont les mêmes. Cette tendance de la matière à persévérer dans son état de mouvement et de repos est ce que l'on nomme *inertie :* c'est la première loi du mouvement des corps (1). » Je pourrais multiplier les diverses formules que l'on a données de cette loi ; mais on peut consulter à cet égard tous les traités de mécanique : il n'en est pas un qui ne contienne ce principe, qu'un corps est incapable de se donner à lui-même le mouvement, et quand il l'a reçu, de l'arrêter, de le suspendre, d'en changer la vitesse et la direction.

Il semble qu'après avoir exposé un tel principe, la question soit immédiatement résolue, car si l'on commence par poser en principe qu'un corps quelconque est incapable de se donner le mouvement, il en résulte

(1) Laplace, *Système du monde,* t. III, ch. II.

que le mouvement n'a pu lui être communiqué que
par une cause distincte de lui. A la vérité, chaque corps
est mis en mouvement par un autre corps, et cet autre
corps peut bien nous servir à expliquer le mouvement
du premier; mais ce second corps n'ayant pas pu se
donner le mouvement a dû le recevoir d'un autre corps
qui, n'ayant pu non plus se le donner, a dû le recevoir,
et ainsi de suite à l'infini. De sorte que si nous n'admettons pas en dehors du tout une cause motrice, le
mouvement n'aura jamais de cause, sera toujours un
phénomène sans cause. C'est déjà ce que disait Aristote. Il insistait surtout sur l'impossibilité de poursuivre cette chaîne à l'infini, et sur la nécessité d'admettre à la fin un premier moteur (1).

Quelque évidente que paraisse au premier abord
cette conclusion, elle soulève néanmoins un certain
nombre de difficultés, qu'il est urgent d'examiner et
de discuter, pour que cette preuve atteigne toute la
force dont elle est susceptible.

Il faut d'abord convenir qu'elle a été quelquefois
exposée sous une forme qui prêtait à l'objection. Par
exemple, dans la profession de foi du vicaire sa-
voyard, J. J. Rousseau s'exprime ainsi : « Pour moi, je
suis tellement persuadé que l'état naturel de la matière
est d'être en repos, et qu'elle n'a en elle-même aucune
force pour agir, qu'en voyant un corps en mouvement,
je juge aussitôt que c'est un corps animé, ou que le mouvement lui a été communiqué. » Mais d'où J. J. Rousseau

_____

(1) Aristote, *Physique*, l. VIII.

peut-il savoir que l'état naturel de la matière est le repos ?
C'est là un pur préjugé. Ce préjugé vient de ce que
nous voyons habituellement les corps passer du mouvement au repos, et qu'un mouvement que nous avons vu
commencer finit toujours par s'arrêter. C'est ce qui faisait croire aux scolastiques, avant Galilée, que la matière a une tendance naturelle au repos, et que pour
elle le mouvement est un état violent contre lequel elle
lutte. Mais Galilée a détruit ce préjugé qui paraissait
durer encore au temps d'Euler puisqu'il l'expose en ces
termes : « Les uns, dit-il, disent que tous les corps
ont un penchant naturel pour le repos, que le repos est
leur état naturel, et que le mouvement est pour eux un
état violent ; de sorte que quand un corps est mis en
mouvement, il incline par sa propre nature à retourner
à l'état de repos, et qu'il fait des efforts pour arrêter le
mouvement sans y être forcé par quelque cause externe
ou étrangère... Ne voyons-nous pas, disent-ils, sur le
billard qu'avec quelque force que nous poussions une
bille, son mouvement se ralentit assez promptement, et
qu'elle rentre bientôt dans le repos ? Une horloge aussi,
dès que son mouvement n'est plus entretenu par la
force externe dont elle est montée, s'arrête et est en
repos. En général, on remarque dans toutes les matières
que leur mouvement ne dure pas plus longtemps que
la force externe dont elles sont agitées. » A cette opinion, Euler répond : « Dès que nous faisons attention à
toutes les circonstances, nous rencontrons tant d'obstacles qui s'opposent au mouvement, que nous ne sau-
rions être surpris de voir que tous les mouvements sont

sitôt éteints. En effet, sur le billard, c'est proprement
le frottement qui diminue le mouvement de la bille,
qui ne saurait s'avancer sans frotter sur le drap. Ensuite, l'air lui-même étant une matière, cause aussi
quelque résistance capable de diminuer le mouvement
des corps. De là, il est clair que c'est le frottement et
la résistance de l'air qui s'opposent au mouvement de
la bille, et qui la réduisent bientôt au repos. Or ces
causes sont externes, et l'on comprend que sans ces
obstacles le mouvement de la bille devrait durer toujours (1). » Il est donc évident, d'après cela, que les
corps n'ont pas une propension naturelle au repos, et
qu'il est inexact de dire, avec J. J. Rousseau, que l'état
naturel de la matière est le repos. S'il en est ainsi, n'en
résulte-t-il pas que l'argument du premier moteur tiré
de l'inertie de la matière est singulièrement affaibli ?
Car cet argument suppose toujours que la matière étant
naturellement en repos, il a fallu une cause pour la
mettre en mouvement. Mais puisque le repos n'est pas
plus naturel à la matière que le mouvement, pourquoi ne
pas supposer tout aussi bien la matière primitivement
en mouvement que primitivement en repos ? Et dès
lors, il n'est plus nécessaire de supposer un premier
moteur.

A cette difficulté, je répondrai : Sans doute, il ne
serait pas légitime de supposer une matière naturellement en repos ; mais par la même raison, je ne puis
la supposer naturellement en mouvement, puisqu'elle

(1) Euler, *Lettres à une princesse d'Allemagne*, 2ᵐᵉ part., lettre V.

est indifférente entre l'un et l'autre. Cependant elle se meut. Il faut une raison suffisante pour expliquer ce mouvement. Cette raison n'est pas en elle par hypothèse. Elle est donc en dehors d'elle ; et il y a un principe de mouvement qui n'est pas la matière elle-même.

Je vais plus loin ; et du principe de l'inertie, je crois que l'on peut conclure que la matière n'est qu'une substance dépendante et dérivée.

Supposez un instant que la matière existe par elle-même. N'est-il pas évident qu'elle ne peut exister qu'à l'état de repos, ou à l'état de mouvement ? Mais aucun de ces deux états ne lui est essentiel. Aucun des deux ne résulte de sa nature ; car, s'il en résultait, il ne serait pas vrai de dire que le corps est indifférent soit au repos, soit au mouvement ; on lui remarquerait une certaine propension pour l'un plutôt que pour l'autre. Or les phénomènes ne montrent rien de semblable. Un corps en repos ne fait aucun effort pour sortir de son état tant qu'il n'est pas sollicité par une force externe. Il n'y a donc aucune raison pour que la matière par elle-même se décide entre ces deux états. Il faut cependant qu'elle se décide pour être, car elle ne peut pas exister à l'état indéterminé ; cet état même serait un état de repos, et alors l'argument du premier moteur reprendrait toute sa force. N'ayant donc en elle-même aucune raison de choisir entre ces deux états, elle ne sera pas : et ainsi elle n'existe que par une force distincte d'elle-même. Telle est la conséquence qui suit rigoureusement, à ce qu'il me semble, du principe de l'inertie, uni au principe de la raison suffisante. L'argument du premier moteur ne concluait qu'à la contingence du mouvement dans la matière ; cet argument, poussé plus avant, conclut à la contingence de la matière elle-même.

Et que l'on ne dise pas que nous employons ici un principe métaphysique, le principe de la raison suffisante, et que de tels principes ne sont pas de mise dans les sciences positives ; car je réponds que ce principe est celui-là même qu'emploient les mathématiciens pour établir l'inertie. Que dit, en effet, Laplace ? Que si l'on suppose un point isolé dans l'espace, ce point, n'ayant aucune raison d'aller à droite ou à gauche, ou dans aucune direction, restera en repos ; et que si ce point est en mouvement, n'ayant aucune raison de changer de direction, il suivra la ligne droite ; et enfin que s'il a une vitesse donnée, n'ayant aucune raison de changer de vitesse, il conservera toujours la même. Ainsi, quelque aversion que les savants aient pour les principes métaphysiques, il leur est impossible de ne pas s'en servir, ou leur science elle-même s'écroule tout entière. Il suit de là qu'en appliquant le même mode de raisonnement, on peut dire : la matière étant indifférente au repos et au mouvement, n'ayant en elle rien qui l'incline à l'un ou à l'autre, et cependant ne pouvant exister à cet état indéterminé (ni repos, ni mouvement), n'existera pas tant qu'une force différente ne lui aura communiqué une détermination quelconque, c'est-à-dire, comme l'expérience l'indique, le mouvement avec sa direction et sa vitesse.

Cependant toute difficulté n'est pas encore écartée ;

et voici l'objection qui nous attend : « Vous accordez, nous dira-t-on, que la matière n'a point de penchant naturel pour le repos. Soit : voilà qui est incontestable. Mais qui vous dit qu'elle n'a pas pour le mouvement un penchant qui ne demande qu'à être déterminé par une circonstance ? Qui vous assure que le mouvement n'existe pas en principe dans la matière elle-même, qu'il n'y est pas, comme l'ont dit quelques philosophes, *in nisu*, à l'état d'effort ou de tendance ? Et si une telle tendance existe dans la matière, pourquoi ne pas admettre qu'elle ait été éternellement en mouvement? Voici ce qu'Euler répondait à cette nouvelle manière de voir.

« Les autres, dit-il, sont plus à craindre, puisque ce sont les fameux philosophes wolfiens... Ils soutiennent que tout corps, en vertu de sa propre nature, fait continuellement des efforts pour changer d'état, c'est-à-dire que lorsqu'il est en repos, il fait des efforts pour se mouvoir, et que s'il est en mouvement, il fait des efforts pour changer continuellement de vitesse et de direction. Ils n'allèguent rien en preuve de ce sentiment, si ce n'est quelque raisonnement creux tiré de leur métaphysique. Je remarque seulement que ce sentiment est contredit par le principe que nous avons si solidement établi (le principe de l'inertie), et par l'expérience qui est parfaitement d'accord avec ce principe. En effet, s'il est vrai qu'un corps en repos demeure, en vertu de sa nature, en cet état, il est faux qu'il fasse, en vertu de sa nature, des efforts pour changer cet état. De même, s'il est vrai qu'un corps en mouvement conserve, en vertu de sa nature, ce mouvement avec la même direction et la même vitesse, il est absolument faux que le même corps, en vertu de sa nature, fasse de continuels efforts pour changer son mouvement (1). »

Nous pourrions nous borner à l'autorité d'Euler, qui, on l'accordera, n'est pas médiocre dans une question de philosophie mathématique. Mais essayons d'aller un peu plus loin. Si les corps avaient une tendance naturelle au mouvement, comme les scolastiques prétendaient qu'ils en avaient une au repos, cette tendance ne devrait-elle pas se manifester extérieurement par des signes déterminés et précis ? Or, à la vérité, nous voyons bien que les corps se meuvent, ce qui prouve qu'ils n'ont pas de répugnance au mouvement ; mais nous ne voyons pas qu'ils tendent eux-mêmes au mouvement, car toutes les fois qu'un mouvement se produit dans un corps, nous sommes assurés qu'il a une cause externe ; nous la supposons toujours, et nous la trouvons souvent. Bien plus, nous mesurons la force qui est dans la cause par le mouvement produit ; et dans ce calcul nous n'attribuons absolument rien au corps lui-même ; ce qui ne peut se comprendre si le corps est de moitié dans son mouvement, s'il coopère avec la cause externe pour déterminer la direction et la vitesse de ce mouvement. Or, rien de semblable ne se présente : les choses se passent exactement comme si le corps était absolument désintéressé dans son propre mouvement. Sans doute, nous voyons que dans certains cas, dans la chute des

_____

(1) Euler, même lettre.

corps par exemple, le corps augmente de vitesse à chaque instant, d'où l'on pourrait croire que c'est sa propre vitesse qui s'ajoute à celle qui lui est communiquée. Mais ce serait là une erreur : la vraie cause de cette accélération de mouvement est dans la cause externe elle-même, qui, continuant d'agir à chaque instant, produit sans cesse un nouvel effet, tandis que chacun des effets antérieurs persiste en vertu même de la loi de l'inertie. Ainsi, même dans ce cas, si favorable en apparence à la théorie d'un mouvement essentiel à la matière, la théorie précédente se vérifie. Dans le phénomène du choc, chacun des corps choqués peut déterminer un mouvement dans l'autre corps ; et ainsi chaque corps peut être cause de mouvement, mais jamais pour lui-même, et seulement pour tout autre que lui. Si donc dans l'expérience rien n'indique cette tendance essentielle que l'on suppose, si les choses se passent exactement comme si elle n'existait pas ; tout ce que l'on peut affirmer, c'est que les corps ont la capacité d'être mus, ce qui est évident ; qu'ils ont aussi la capacité de transmettre le mouvement, ce qui n'est pas contesté ; mais affirmer qu'ils font effort pour se mouvoir, c'est leur prêter une sorte d'âme, c'est dépasser l'autorité des faits, c'est instituer une hypothèse toute gratuite. L'expérience ne me montre absolument que ceci : des corps mus par d'autres corps, mus eux-mêmes par d'autres corps, et cela à l'infini. Or si en dehors de cette chaîne il n'y a pas une cause motrice, je dis que c'est là une série de mouvements sans cause et sans raison. Mais si j'admets un instant qu'une

série indéfinie de phénomènes puisse exister sans raison suffisante, je puis admettre la même chose pour
chaque phénomène en particulier : car qu'y a-t-il de
plus dans la totalité que dans un seul ? Or, admettre
qu'un seul phénomène puisse exister sans raison et
sans cause, c'est renverser toute la science.

Mais ce n'est pas là le seul aspect de la question.
Voici la grande objection que l'on oppose à l'argument d'un premier moteur fondé sur l'inertie de
la matière. Vous prenez, nous dit-on, une conception
abstraite, purement mathématique, pour l'expression
de la réalité. L'inertie de la matière est vraie en
mécanique rationnelle , en géométrie, c'est-à-dire
qu'abstraction faite des forces qui animent la nature,
la matière est indifférente au repos et au mouvement. Mais la matière réelle n'est pas cette masse
brute et paresseuse qui a besoin d'être mise en mouvement par une cause extérieure. Cette notion de la
matière est depuis longtemps abandonnée par la science.
L'analyse des phénomènes de la matière nous découvre
à chaque instant en elle une activité énergique, une
sorte de vitalité ; il est évident que la matière est per-
pétuellement en action, qu'elle a une tendance à l'action. Il faut donc réintroduire ces éléments dont vous
faites abstraction. Appellerez-vous inertie cette force
qui anime la nature , que Newton a découverte dans
le système planétaire, et qu'on applique aujourd'hui à
l'univers entier ! Mais cette force attractive par laquelle le monde se donne le mouvement, elle est indispensable à la matière ; elle complète et corrige tout

ce que l'on nous enseigne sur l'inertie. Il n'y a pas besoin d'autre Dieu, d'autre moteur, que l'attraction elle-même.

« Je ne sais en quel sens, dit Diderot, les philosophes ont supposé qu'elle était indifférente au mouvement et au repos. Ce qu'il y a de bien certain, c'est que tous les corps gravitent les uns sur les autres ; c'est que toutes les particules des corps gravitent les unes sur les autres ; c'est que dans cet univers tout est en translation ou *in nisu*, ou en translation et *in nisu* à la fois. Cette supposition des philosophes ressemble peut-être à celle des géomètres, qui admettent des points sans aucune dimension, des lignes sans largeur ni profondeur, des surfaces sans épaisseur. Pour vous représenter le mouvement, disent-ils, outre la matière existante, il vous faut imaginer une force qui agit sur elle. Ce n'est pas cela : la molécule, douée d'une qualité propre à sa nature, par elle-même est une force active. Elle s'exerce sur une autre molécule qui s'exerce sur elle (1). »

Pour résoudre cette objection, j'essayerai d'établir les trois propositions suivantes : 1° l'inertie n'est pas une abstraction, mais un fait réel et universel, qui n'est nullement contredit ni infirmé par l'attraction ; 2° l'attraction entendue comme une force essentielle,

---

(1) Diderot, *Principes philosophiques de la matière et du mouvement.* M. Vacherot dans son livre de la *Métaphysique et de la science* admet aussi cette objection (Préface, p. 17, 2ᵉ édition).

inhérente à la matière, est une pure hypothèse, et l'on a souvent essayé de la ramener aux lois ordinaires du mouvement; 3° en admettant l'attraction comme une propriété effective de la matière, elle ne détruirait pas le caractère de contingence que nous avons essayé de démontrer.

Telles sont les trois propositions qu'il s'agit d'établir. Ce n'est qu'avec une extrême circonspection et en quelque sorte en tremblant que nous nous avançons sur ce terrain glissant et délicat de la haute philosophie physique. Mais nos adversaires parlent de toutes ces choses avec tant d'autorité et de légèreté, ils sont si fiers de ce qu'ils avancent, et si méprisants de ceux qui ne pensent pas comme eux, que nous nous devons de les suivre sur ce terrain, tout en reconnaissant, ce qu'ils ne font pas, la témérité et la difficulté de l'entreprise.

L'inertie, nous dit-on, est une abstraction; j'avoue ne pas bien comprendre ce que cela signifie. Veut-on dire par là que l'inertie est une des propriétés de la matière, mais que ce n'est pas la seule; qu'à côté de l'inertie, il y en a d'autres, l'attraction, l'affinité, la force vitale, etc., et que considérer l'inertie séparément de ces autres propriétés, c'est faire une abstraction. J'entends cela, et je l'admets. Mais à ce compte, la lumière est une abstraction, le son une abstraction, l'électricité une abstraction, et ainsi de suite; car toutes ces propriétés sont mêlées dans la nature; et dans la science, on est obligé de les considérer l'une après l'autre. Mais conclura-t-on de là que la lumière, le son, l'électricité, ne

sont pas des faits réels, mais de pures conceptions idéales
qui n'existent que dans notre esprit? Ce serait une conséquence absolument fausse. Pourquoi donc affirmerait-
on cela de l'inertie ? Ce n'est pas seulement dans mon
esprit que les corps sont inertes, c'est dans la réalité.
Lorsque je construis une machine, je la construis dans
la supposition que les matériaux que j'emploie sont
inertes : tous les mouvements qui s'accomplissent
dans la nature sont soumis à la loi de l'inertie ; les
mouvements de corps célestes qui sont les plus considérables de tous, et les plus simples, supposent également cette loi. Enfin, si l'inertie est une pure abstraction, je ne vois pas pourquoi on n'en dirait pas autant
de toutes les autres propriétés de la matière, et par
exemple de l'attraction elle-même ; dès lors, il ne sera
pas plus permis de raisonner sur l'attraction que sur
l'inertie.

Le fait de l'inertie étant incontestable, reste à savoir
s'il est infirmé par un autre fait non moins incontestable, le fait de l'*attraction*.

C'est ici le lieu de se demander ce qu'il faut entendre
par attraction. Or, ce mot a deux sens profondément distincts, dont la confusion jette un grand trouble et une
obscurité dans les esprits. Il faut s'appliquer à les démêler. Le mot d'attraction signifie d'abord un fait, un fait
de l'expérience, fait absolument irréfragable, et dont la
loi a été découverte par Newton. Ce fait, c'est que deux
corps, où si l'on veut deux molécules étant en présence,
ces deux molécules se meuvent l'une vers l'autre selon
la ligne droite qui unit leurs centres ; en second lieu, que

ces deux corps ayant une masse inégale, c'est le plus petit qui fait le plus de chemin vers le plus grand : ce qu'on exprime en disant que l'attraction est proportionnelle aux masses ; en troisième lieu, que plus un corps est éloigné, plus il est lent à se rapprocher d'un autre qui est censé l'attirer : ce que l'on exprime en disant que l'attraction a lieu en raison inverse du carré des distances. Tous ces faits sont absolument indubitables, et la démonstration de ces admirables lois a été plus grande découverte qu'ait faite le génie humain dans l'interprétation de la nature. Mais, en réalité, qu'est-ce que l'expérience nous montre ? Rien autre chose que ceci : des mouvements réciproques. Voilà ce qu'il y a de certain, d'absolument certain ; mais cela seul est certain. Il n'en est pas de même de l'attraction considérée comme cause ; ce qui est le second sens que l'on attache à ce mot : ici, il ne faut plus entendre le mouvement lui-même représenté par une métaphore, mais la cause hypothétique de ce mouvement. Cette cause est-elle dans le corps ou en dehors du corps, est-elle matérielle ou spirituelle, est-elle essentielle au corps ou lui est-elle communiquée ? Ce sont là des questions sur lesquelles la philosophie physique peut discuter, mais qui ne doivent pas être confondues avec les questions expérimentales que l'observation jointe au calcul a définitivement résolues. Laissons donc un instant l'attraction considérée comme cause, et prenons-la comme un effet dont provisoirement la cause nous est inconnue.

Voyons donc si l'attraction ainsi entendue, c'est-à-dire

comme la chute réciproque des molécules les unes
vers les autres, contredit en quoi que ce soit le principe de l'inertie. Je dis que ces deux propriétés, loin
de se contredire, sont liées étroitement l'une à l'autre.
C'est, en effet, parce qu'on suppose l'incapacité radicale d'un corps à se mouvoir lui-même, que l'on peut
déterminer exactement les conséquences qui doivent
résulter d'une attraction réciproque. Comment pourrait-on rectifier, comme on l'a fait, avec une si admirable précision, les perturbations planétaires, si l'on
supposait un seul instant que les astres peuvent se
donner à eux-mêmes des changements de mouvement,
qui ne seraient pas le résultat de l'attraction ? Tout
changement de mouvement suppose une cause extérieure, et l'on est arrivé à déterminer à priori l'existence
et la situation d'une planète perturbatrice, en tenant
compte de tous les changements de mouvement que
l'on remarquait dans l'orbite d'Uranus. Comment cela
aurait-il été possible si Uranus avait été capable de se
mouvoir lui-même et de varier la direction et la vitesse
de son mouvement ? Toutes les découvertes dans le
monde astronomique supposent donc l'inertie (1) ; et il
n'y a nulle contradiction à admettre qu'un corps qui en
meut un autre ne se meut pas lui-même, car c'est là
ce qui a lieu en effet. Ainsi, l'inertie et l'attraction, loin

___

(1) « L'inertie de la matière est principalement remarquable dans
les mouvements célestes, qui, depuis un grand nombre de siècles,
n'ont pas éprouvé d'altérations sensibles. » (Laplace, *Système du
monde*, t. III, ch. II.)

de se contredire l'une l'autre, se supposent au contraire réciproquement.

Voyons maintenant si l'attraction, considérée comme
cause de mouvement, peut infirmer les conséquences
que nous avons déduites de la loi de l'inertie. C'est ici
qu'il faut user de la plus grande réserve, car que
savons-nous de l'attraction comme cause de mouvement? Newton lui-même est sur ce point d'une extrême
circonspection. Il a soin de nous avertir à plusieurs
reprises, dans ses *Principes*, « qu'il emploiera indiffé-
remment les mots d'attraction, d'impulsion, de tendance vers un centre; qu'il considère ces différentes
forces, non physiquement, mais mathématiquement ;
que le lecteur doit bien se garder de donner à ces expres-
sions le sens d'un mode d'action déterminé, et d'attribuer aux centres, qui ne sont que des points mathématiques, de vraies forces, dans le sens physique (1). » Plus
loin, il nous dit qu'il emploie le mot d'attraction dans
un sens mathématique, « quoique physiquement parlant, ce soient plutôt des impulsions (2). » Dans un autre
passage, il énumère les différentes hypothèses que l'on
peut faire sur la cause de l'attraction : « Soit, dit-il,
que ce mouvement ait pour cause la tendance réciproque des corps les uns vers les autres, ou bien des
esprits (*spiritus*) émis par ces corps et les agitant
mutuellement, ou enfin l'action d'un éther ou d'un air

(1) Newton, *Principia mathematica*. Lond., 1726, p. 6.
(2) *Ibid.*, p. 160, *Quamvis fortassi, si physice loquamur verius
dicantur impulsus.*

subtil, d'un intermédiaire quelconque, corporel ou
incorporel, dans lequel les corps seraient plongés, et
qui les pousserait l'un vers l'autre (1). » Il semble même
incliner tout à fait vers cette dernière hypothèse à la fin
de son ouvrage, et revenir à la matière subtile de Descartes, lorsqu'il nous dit : « Il serait peut-être à propos
d'ajouter, en terminant, quelque chose sur un esprit
très-subtil (*spiritu subtilissimo*) qui pénètre tous les
corps et en remplit les vides; par la force et les actions
duquel les particules des corps s'attirent réciproquement aux moindres distances et deviennent contiguës ;
par lequel les corps électriques agissent à des distances
plus grandes, soit en repoussant, soit en attirant les
corps voisins ; qui est la cause de l'émission de la
lumière, de la réflexion, de la réfraction, de l'inflexion,
et enfin de la chaleur des corps ; par lequel toute sensation est excitée, et le mouvement des membres déterminé par la volonté des animaux, la vibration de cet
esprit subtil étant propagée des organes externes jusqu'au cerveau par les filaments capillaires des nerfs, et
renvoyée du cerveau aux muscles. Mais ces matières ne
peuvent être traitées en peu de mots ; et d'ailleurs nous
n'avons pas encore une assez grande abondance d'expériences pour les résoudre (2). » Ce curieux passage,
tout en trahissant les incertitudes de la pensée de
Newton, ne nous apprend-il pas qu'il était encore beaucoup plus près qu'on ne le croit de la philosophie

(1) Newton, *Principia mathematica*. London, 1726, p. 188.
(2) *Ibid.*, p. 530.

mécanique de Descartes, et qu'il inclinait fort à considérer le phénomène de l'attraction comme le résultat d'une agitation de molécules d'un fluide extrêmement subtil, dans lequel les corps planétaires seraient plongés. Mais ce qui est le plus décisif, c'est le passage suivant : « Il est inconcevable que la matière brute et inanimée puisse opérer sur d'autre matière sans un contact mutuel ou sans l'intermédiaire de quelque agent immatériel ; il faudrait pourtant que cela fût ainsi, en supposant avec Épicure, que la gravitation est essentielle et inhérente à la matière, et c'est là une des raisons qui m'a fait demander que vous ne m'attribuassiez pas l'opinion de la gravité innée. La supposition d'une gravité innée inhérente et essentielle à la matière, tellement qu'un corps puisse agir sur un autre à distance et au travers du vide, sans aucun intermédiaire qui propage de l'un à l'autre leur force et leur action réciproque, cette supposition, dis-je, est pour moi une si grande absurdité que je ne crois pas qu'un homme qui jouit d'une faculté ordinaire de méditer sur des objets physiques, puisse jamais l'admettre. La gravité doit être causée par un agent qui opère constamment selon certaines lois ; mais j'ai laissé à la décision de mes lecteurs la question de savoir si cet agent est matériel ou immatériel (1). »

Il résulte de ces différents textes, qu'aux yeux de Newton (qui a bien quelque droit d'être écouté quand il s'agit de la nature de l'attraction), ce phénomène était vrai-

_____

(1) *Lettre à Bentley.*

4.

semblablement l'effet d'une cause mécanique, agissant
conformément aux lois générales du mouvement, quoiqu'on n'ait pas encore assez d'expériences pour rien
affirmer sur la nature de cette cause mécanique. Quelques-uns des plus grands savants du xviii° siècle ont
adopté cette opinion, par exemple Euler, qui, tout en
défendant énergiquement la loi de Newton contre les
cartésiens, admettait cependant avec ceux-ci que tous
les phénomènes de mouvement s'expliquent mécaniquement, et rejettait l'idée d'une attraction à distance,
comme d'une qualité occulte renouvelée des scolastiques. Voici ce que nous dit Euler à ce sujet :

« C'est un fait constaté par les raisons les plus solides que, dans tous les corps célestes, il règne une
gravitation générale par laquelle ils sont poussés ou
attirés les uns vers les autres, et que cette force est
d'autant plus grande que les corps sont plus proches
entre eux. Ce fait ne saurait être contesté; mais on
dispute s'il faut l'appeler une impulsion ou une attraction, quoique le seul nom ne change rien dans la chose
même. Votre Altesse sait que l'effet est le même, soit
qu'on pousse un chariot par derrière ou qu'on le tire
par devant; ainsi l'astronome, uniquement attentif à
l'effet de cette force, ne se soucie pas si les corps célestes sont poussés les uns vers les autres, ou s'ils s'attirent mutuellement, de même que celui qui n'examine
que les phénomènes ne se met pas en peine si la terre
attire les corps, ou si les corps y sont poussés par
quelque cause invisible. Mais si l'on veut pénétrer dans
les mystères de la nature, il est très-important de savoir

si c'est par impulsion ou attraction que les corps célestes agissent les uns sur les autres; si c'est quelque
matière subtile et invisible qui agit sur les corps et les
pousse les uns vers les autres, ou si ces corps sont
doués d'une qualité cachée ou occulte par laquelle ils
s'attirent mutuellement. Les philosophes sont fort par-
tagés là-dessus : ceux qui sont pour l'impulsion se
nomment *impulsionnaires*, et les partisans de l'attraction
se nomment *attractionnistes*. Feu M. Newton inclinait
beaucoup vers le sentiment de l'attraction (1), et aujourd'hui tous les Anglais sont attractionnistes fort
zélés. Ils conviennent bien qu'il n'y a ni cordes, ni
aucune des machines dont on se sert ordinairement
pour tirer, dont la terre puisse se servir pour attirer à
soi les corps et y causer la pesanteur; encore moins
découvrent-ils quelque chose entre le soleil et la terre
dont on puisse croire que le soleil se servirait pour
attirer la terre. Si l'on voyait un chariot suivre les chevaux sans qu'ils y fussent attelés, et qu'on n'y vît ni
corde, ni autre chose propre à entretenir quelque com-
munication entre le chariot et les chevaux, on ne dirait
pas que le chariot fût tiré par les chevaux : on serait
plutôt porté à croire que le chariot serait plutôt poussé
par quelque force, quoiqu'on n'en vît rien, à moins
que ce ne fût le jeu de quelque sorcière. Cependant

(1) Nous venons de voir, par les passages qui précèdent, que c'est
là une assertion très-exagérée, et que Newton paraissait plutôt incliner vers l'opinion opposée.

messieurs les Anglais n'abandonnent pas leur sentiment (1).

» ... Les philosophes anglais soutiennent que c'est
une propriété essentielle de tous les corps de s'attirer
mutuellement ; que c'est comme un penchant naturel que les corps ont les uns pour les autres, en
vertu duquel les corps s'efforcent de s'approcher mutuellement, comme s'ils étaient pourvus de quelque
sentiment ou désir. D'autres philosophes regardent
ce sentiment comme absurde et contraire aux principes d'une philosophie raisonnable. Ils ne nient pas
le fait ; ils tombent même d'accord qu'il y a actuelle-
ment au monde des forces qui poussent les corps les
uns vers les autres ; mais ils soutiennent que ces forces
agissent de dehors sur les corps, et qu'elles se trouvent
dans l'éther, ou cette matière subtile qui environne
tous les corps, de même que nous voyons qu'un corps
plongé dans un fluide en peut recevoir plusieurs impressions pour le mettre en mouvement : donc, selon
les premiers, la cause de l'attraction réside dans les
corps mêmes et dans leur propre nature ; et, selon les
derniers, cette cause réside hors des corps, dans le
fluide subtil qui les environne. Dans ce cas, le nom
d'attraction serait peu propre. Il faudrait dire que les
corps sont poussés les uns vers les autres.

» ... Le dernier sentiment plaît davantage à ceux qui
aiment des principes clairs dans la philosophie, puisqu'ils ne voient pas comment deux corps éloignés l'un

(1) Euler, *Lettres à une princesse d'Allemagne*.

de l'autre peuvent agir l'un sur l'autre, à moins qu'il n'y ait quelque chose entre eux. Supposons qu'avant la création du monde Dieu n'ait créé que deux corps éloignés l'un de l'autre ; qu'il n'existât hors d'eux absolument rien, et que ces corps fussent en repos ; serait-il bien possible que l'un s'approchât de l'autre, ou qu'ils eussent un penchant à s'approcher? Comment l'un sentirait-il l'autre dans l'éloignement? comment pourrait-il avoir un désir de s'en approcher? Ce sont des idées qui révoltent ; mais dès que l'on suppose que l'espace entre les corps est rempli d'une matière subtile, on comprend d'abord que si cette matière peut agir sur les corps en les poussant, l'effet serait le même que s'ils s'attiraient mutuellement (1). Puisque nous savons donc que toute l'espace entre les corps célestes est rempli d'une matière subtile qu'on nomme l'éther, il semble plus raisonnable d'attribuer l'action mutuelle des corps à une action que l'éther y exerce, quoique la manière nous soit inconnue, qu'à une qualité inintelligible...... On devrait donc regarder l'attraction comme une propriété occulte, en tant qu'on la donne pour une propriété essentielle à la matière ;

(1) A cette affirmation Voltaire, d'Alembert et toute l'école attractionniste opposaient l'objection suivante : c'est que l'attraction est proportionelle à la masse, c'est-à-dire à la quantité de matière, tandis que l'impulsion n'est proportionnelle qu'à la quantité de surface. Cette objection serait exacte s'il s'agissait d'un fluide qui n'exercerait d'action qu'à la surface. Mais s'il pénètre à l'intérieur du corps et en remplit tous les interstices, qui assure que la loi de l'impulsion n'est pas observée ?

mais comme aujourd'hui on tâche de bannir toutes les qualités occultes, l'attraction, considérée dans ce sens, doit être aussi bannie (1). »

Plusieurs tentatives ont été faites par des physiciens illustres pour résoudre scientifiquement le problème posé par Euler : la réduction de l'attraction à l'impulsion. M. Arago, dans sa notion sur Laplace, nous rend compte de l'une de ces tentatives, et ne semble pas éloigné d'y incliner.

« L'accusation de qualité occulte dirigée contre la théorie de l'attraction universelle, fit sortir Newton et ses disciples les plus dévoués de la réserve qu'ils croyaient devoir s'imposer. On relégua dans la classe des ignorants ceux qui ont considéré l'attraction comme une propriété essentielle de la matière, comme l'indice mystérieux d'une sorte de charme ; qui ont supposé que deux corps peuvent agir l'un sur l'autre sans l'intermédiaire d'un troisième corps. Newton ne s'est jamais expliqué catégoriquement sur la manière dont pourrait naître une impulsion, cause physique de la puissance attractive de la matière, du moins dans notre système solaire ; mais nous avons aujourd'hui de fortes raisons de supposer qu'en écrivant le mot *impulsion*, le grand géomètre songeait aux idées systématiques de Varignon et de Fatio du Duillier, retrouvées plus tard et perfectionnées par Lesage : ces idées en effet lui avaient été communiquées avant toute publication.

» D'après les idées de Lesage, il y aurait dans les

(1) Euler, lettre LXVIII.

régions de l'espace, des corpuscules se mouvant suivant toutes les directions possibles et avec une exces-
sive rapidité. L'auteur donnait à ces corpuscules le
nom de corpuscules ultra-mondains. Leur ensemble
composait le fluide gravifique, si cependant la dési-
gnation de fluide pouvait être appliquée à un ensemble de particules n'ayant entre elles aucune liaison.
Un corps unique placé au milieu d'un pareil océan
de corpuscules mobiles resterait en repos, puisqu'il serait également poussé dans tous les sens. Au contraire,
deux corps devraient marcher l'un vers l'autre ; car ils se
feraient réciproquement écran, car leurs surfaces en re-
gard ne seraient plus frappées dans la direction de la ligne
qui les joindrait, par les corpuscules ultra-mondains ; car
il existerait alors des courants dont l'effet ne serait plus
détruit par des courants contraires. On voit d'ailleurs
aisément que deux corps plongés dans le fluide gravifique tendraient à se rapprocher avec une intensité qui
varierait en raison inverse du carré des distances (1). »

Parmi les savants qui ont hésité à considérer l'attraction comme essentielle à la matière, nous citerons encore M. Biot.

« En bonne philosophie, dit ce savant éminent, les
qualités des corps matériels que nous pouvons appeler
universelles, semblent devoir se restreindre à celles
dont la réunion est indispensable pour nous les faire
percevoir, et pour les caractériser essentiellement
d'après l'idée que notre esprit s'en forme ; telles sont

(1) Arago, *Notices scientifiques*, t. III, p. 500.

l'étendue et l'impénétrabilité, à quoi nous ajoutons la
mobilité et l'inertie : cette dernière expression désigne
le manque de spontanéité par suite duquel la matière,
considérée dans son essence propre, est indifférente
à l'état de repos et de mouvement. A ce compte, la
gravitation proportionnelle aux masses et réciproque
au carré des distances, qui s'exerce entre les éléments
matériels de tous les corps planétaires, ne serait pas
une qualité que l'on dût appeler universelle, puisque
nous pourrions concevoir l'existence de corps matériels qui en seraient dépourvus, ou qui graviteraient
les uns sur les autres suivant d'autres lois. On connaît
aujourd'hui des étoiles qui circulent autour d'autres
étoiles dans des orbites rentrants. La force qui fait
décrire ces orbites est-elle identique avec notre gravitation planétaire ou différente ? On ne saurait se pro-
noncer à priori ? et l'on travaille à décider l'alternative
en constatant les lois phénoménales des mouvements
ainsi réalisés (1). Même, quand l'identité serait prouvée,
on ne pourrait pas encore dire que cette gravitation
fût une qualité propre à la matière : car ce pourrait
n'être qu'un effet contingent, résultant de causes mécaniques agissant sur elle et étrangères à son essence,
comme Newton lui-même montra plus tard qu'il ne
serait pas impossible d'en imaginer. Alors, on aurait à
chercher la cause de ces causes, et ainsi ultérieurement

---

(1) On admet aujourd'hui que la loi de la gravitation se vérifie
dans le cas dont parle ici M. Biot. C'est ce que l'on appelle la gravitation stéllaire.

de proche en proche en suivant une chaîne dont le bout est caché dans l'infini. »

On voit par les témoignages considérables que nous venons de citer et d'autres encore, Euler (on pourrait y ajouter Maupertuis qui partage ses opinions sur ce point), Lesage, Biot, Arago à quelque degré, et enfin Newton lui-même, qu'une explication mécanique de l'attraction n'a jamais été et n'est pas encore aujourd'hui considérée comme impossible. Si cette question toute spéculative est écartée ou ajournée, elle n'est nullement supprimée. D'ailleurs, quoi qu'on en ait dit, il n'est nullement exact que les théories mécaniques de Descartes et de son école aient été infirmées par le mouvement de la science moderne. Elle semble au contraire, chaque jour, de plus en plus marcher dans la voie mécanique, et comme les cartésiens, s'efforcer de réduire toutes les propriétés de la matière à la figure et au mouvement. Quoi de plus remarquable, à ce point de vue, que la théorie mécanique de la chaleur, la théorie vibratoire de la lumière ; en chimie, la théorie de l'isomérisme (1), la théorie de la dissymétrie moléculaire (2), etc.? Ainsi

(1) On appelle *isomères*, en chimie, des substances composées des mêmes éléments, dans la même proportion, et qui ont des propriétés radicalement différentes, en vertu de la différence de groupement.

(2) Voyez les beaux travaux de M. Pasteur. On appelle *dissymétriques* deux substances absolument semblables en tout, excepté qu'elles s'opposent l'une à l'autre comme les deux mains. Il résulte de cette seule diversité des propriétés très-différentes.

la figure et le mouvement, les deux seules choses que notre esprit conçoive clairement et distinctement dans la matière, sont les principes auxquels on semble conduit de toutes parts par la physique et la chimie. Pourquoi l'attraction elle-même ne se réduirait-elle pas à une cause mécanique, et serait-elle autre chose qu'un phénomène particulier de mouvement dont les causes déterminantes échappent à nos sens, mais n'en sont pas moins des causes matérielles? Lorsque l'on pense surtout à l'importance de plus en plus grande que prend dans la physique moderne l'hypothèse de l'éther, qui ne paraît pas différer beaucoup de la matière subtile de Descartes, on se demande pourquoi l'éther, cause de la lumière, de la chaleur, de l'électricité, ne le serait pas aussi de l'attraction.

S'il en était ainsi, et qu'une explication mécanique de l'attraction pût avoir lieu un jour, les mouvements par attraction s'expliqueraient alors par les lois générales du mouvement. Or nous avons vu que la première de ces lois est l'inertie de la matière. On ne peut donc pas opposer l'attraction à l'inertie, considérer la première comme une propriété réelle, essentielle à la matière, la seconde comme une pure abstraction mathématique. On peut affirmer, au contraire, que celle-ci est une propriété essentielle de la matière qui ne sera jamais infirmée par les faits; tandis que l'attraction (considérée comme une cause réelle) peut s'évanouir devant une science plus profonde et se ramener à des propriétés déjà connues.

Il nous reste à examiner une dernière question. En

supposant que l'attraction soit une des propriétés premières et irréductibles de la matière, faudrait-il conclure que la matière a en elle-même la cause de son mouvement? et l'inertie pourrait-elle encore servir dans cette hypothèse à démontrer la nécessité d'un moteur immatériel? C'est là le point le plus difficile et le plus obscur du débat où nous sommes engagés.

Voici l'hypothèse où il faut se placer : c'est que deux molécules de matière qui, considérées séparément et chacune en soi, sont indifférentes au mouvement et au repos, deviennent l'une à l'autre, aussitôt qu'elles sont en présence, causes réciproques de leur mouvement; en d'autres termes, qu'un corps qui ne peut se mouvoir soi-même, peut en mouvoir un autre et en être mû. Or, cela est déjà vrai, même dans l'hypothèse de l'impulsion; mais il y a cette différence, que dans cette dernière hypothèse, chaque corps qui en meut un autre, est déjà mû lui-même par un autre, et celui-ci par un autre, et cela à l'infini : de sorte que tous les mouvements de la nature forment une chaîne, et que nous sommes forcés pour trouver la vraie cause du mouvement total, de sortir de cette chaîne : autrement cette série indéfinie se produirait sans cause. Au contraire, dans l'attraction, il n'y a pas de chaîne infinie. Deux molécules suffisent pour être l'une à l'autre cause du mouvement. On est aussi près que possible du mouvement essentiel; seulement au lieu d'une molécule il en faut deux : elles se meuvent l'une l'autre sans avoir besoin de recourir à un troisième terme; et en considérant l'univers tout entier comme un ensemble de molécules se mouvant par attraction, ces attractions réciproques semblent concentrer dans l'univers lui-même la cause du mouvement. Ici tous les mouvements paraissent se coordonner à un principe central ; et au lieu de se représenter l'univers comme une chaîne qui n'a ni commencement ni fin, il faudrait le considérer, suivant l'antique image d'Empédocle, reprise par Pascal, comme un cercle infini, dont le centre est partout et la circonférence nulle part.

Or, il me semble qu'il résulte de cette hypothèse une conséquence manifeste ; c'est que la matière n'est pas une chose absolue, mais un relatif, qui n'a pas en soi-même sa raison d'exister. En effet, chaque molécule est liée à toutes les autres molécules de l'univers, qui sont toutes liées réciproquement les unes aux autres par des attractions réciproques ; de sorte que chacune, prise à part, n'a pas en soi-même la raison de sa détermination, c'est-à-dire de ses mouvements. Cette raison est en dehors d'elle dans les autres molécules, et cela est vrai de toutes sans exception. On ne peut donc pas dire de chaque molécule prise séparément qu'elle soit une chose absolue se suffisant à elle-même ; car alors elle devrait avoir en elle-même et en elle seule la raison de son mouvement. Ce qui est vrai de chaque molécule est vrai de toutes : étant toutes solidaires, elles n'ont séparément aucune existence absolue. Mais, dira-t-on, ce ne sont pas les parties, c'est le tout qui possède cette existence absolue. Je réponds que si le tout n'est autre chose que la collection de toutes les parties, il ne peut posséder une qualité qu'elles n'ont pas séparément ;

une somme de choses relatives ne peut former un tout absolu.

Que si l'on me dit que la molécule elle-même n'est pas le dernier élément de la matière, qu'au delà de la molécule il y a quelque chose, et que c'est ce quelque chose qui est absolu, je réponds que cela est bien possible, que ce n'est pas ce que je conteste en ce moment; mais qu'alors on sort de ce que j'appelle le matérialisme, pour entrer dans une autre hypothèse qui n'est pas ici en cause. La molécule est la dernière représentation possible et imaginable de la matière ; au delà, c'est quelque autre chose, ce n'est plus la matière, mais un autre principe qui n'est concevable que par l'esprit, et qu'on appellera l'idée, la substance, la force comme on voudra, mais non plus la matière. La matière, c'est ce qui m'est donné par les sens : ce qui est au delà, et en dehors de mes sens et de mon expérience immédiate n'est plus matière. Dans ce que j'appelle un corps, je puis bien, à la vérité, résoudre certaines qualités dans d'autres qualités, les qualités secondes dans les qualités premières, l'odeur, la saveur, la couleur, dans la figure et le mouvement : mais tant qu'il reste quelque chose de ce que j'ai perçu, c'est toujours un corps : et quand je dis que tout est corps et matière, j'entends que tout se ramène à des éléments plus ou moins semblables à ceux que perçoivent mes sens. Mais si, dans ma perception sensible tout est phénoménal, tout est apparence ; si le fond de la chose sensible est absolument différent de cette chose elle-même ; je dis que cette chose sensible, que j'appelle matière, n'est qu'un relatif, et se ramène à un principe supérieur, dont je ne peux plus mesurer la puissance et la dignité par le moyen de mes sens. La matière s'évanouit donc dans un principe supérieur à elle-même; et le matérialisme abdique devant l'idéalisme. Que signifieraient, je le demande, les prétentions du matérialisme dans un système où l'on serait obligé d'avouer que la matière se ramène à un principe absolument inconnu? Dire que la matière est le principe de toutes choses, dans cette hypothèse, ne serait-ce pas comme si on disait : x, c'est-à-dire un inconnu quelconque, est le principe de toutes choses? Ce qui reviendrait à dire : « Je ne sais pas quel est le principe des choses. » Voilà un matérialisme bien lumineux.

V

LA MATIÈRE ET LA VIE.

Si le matérialisme n'explique pas la matière elle-même, à plus forte raison n'explique-t-il pas les deux plus grands mystères que présente la nature, à savoir la vie et la pensée.

La vie est-elle une propriété de la matière, ou du moins le résultat de certaines propriétés de la matière dans certaines conditions données? Ou bien est-elle l'effet de quelque cause distincte de la matière, d'un principe que l'on appellera immatériel, sinon spirituel, la spiritualité étant réservée à l'âme pensante comme son attribut essentiel et privilégié? Grand débat, qui partage aujourd'hui les savants et les métaphysiciens, et qui a donné naissance à un grand nombre de systèmes. Sans entrer dans l'exposition de ces nombreux systèmes, insistons sur les principaux faits qui maintiennent jusqu'ici une séparation ineffaçable entre la matière brute et la matière vivante.

Le premier et le plus important de ces faits est l'unité harmonieuse de l'être vivant et organisé; c'est, pour employer l'expression de Kant, la corrélation des parties au tout. « Les corps organisés, dit le grand physiologiste

Müller, ne diffèrent pas seulement des corps inorganiques par la manière dont sont arrangés les éléments qui
les constituent : l'activité continuelle qui se déploie dans
la matière organique vivante jouit aussi d'un pouvoir
créateur soumis aux lois d'un plan raisonné, de l'harmonie ; car les parties sont disposées de telle sorte
qu'elles répondent au but en vue duquel le tout existe ;
et c'est là précisément ce qui caractérise l'organisme.
Kant dit que la cause des modes d'existence dans chaque partie d'un corps vivant est contenue dans le tout,
tandis que dans les masses mortes, chaque partie la
porte en elle-même (1). » Kant exprime encore la même
idée, en disant que dans l'être organisé, tout est réciproquement cause et effet, but et moyen : c'est ainsi,
par exemple, que l'arbre produit la feuille, laquelle à
son tour protége l'arbre et contribue à sa nourriture
et à sa conservation.

Cette définition métaphysique de l'être vivant est
tout à fait conforme à celle de Cuvier : « Tout être
organisé, dit ce grand naturaliste, forme un ensemble,
un système clos dont toutes les parties se correspondent
mutuellement et concourent à la même action définitive
par une réaction réciproque.» Cuvier fait l'application
de cette définition à l'organisation des animaux carnivores : « Si les intestins d'un animal, dit-il, sont organisés de manière à digérer de la chair et de la chair ré-
cente, il faut aussi que ses mâchoires soient construites

(1) Müller, *Prolégomènes*, trad. franç., p. 17.

pour dévorer une proie ; ses griffes pour la saisir et la déchirer ; ses dents pour la couper et la diviser ; le système entier de ses organes de mouvement pour la poursuivre et pour l'atteindre, ses organes des sens pour l'apercevoir de loin ; il faut même que la nature ait placé dans son cerveau l'instinct nécessaire pour savoir se cacher et tendre des piéges à ses victimes. Telles seraient les conditions générales du régime carnivore ; tout animal destiné pour ce régime les réunira infailliblement : car sa race n'aurait pu subsister sans elles (1). » C'est cette loi que l'on a appelée la loi des *corrélations organiques,* loi exclusivement propre aux êtres organisés.

Ce premier caractère de l'être vivant est trop connu pour qu'il soit nécessaire d'y insister ; on le comprendra mieux d'ailleurs en examinant les difficultés qu'il peut soulever. Il y en a deux principales. La première, c'est que dans certains cas les êtres inorganiques eux-mêmes paraissent présenter un caractère semblable à celui que nous venons de signaler, et former des ensembles harmonieux, dans lesquels il y a corrélation des parties à la forme générale du tout. C'est ce qui a lieu dans les cristallisations lorsqu'un corps passe de l'état liquide à l'état solide : il prend alors des formes régulières et géométriques ; même chaque espèce de corps a son type distinct et toujours le même qui permet de le reconnaître et de le définir. Ainsi, il y a des espèces cristallines, comme des espèces vivantes ; et dans cha-

---

(1) Cuvier, *Discours sur les révolutions du globe.*

cune d'elles les molécules viennent se disposer et se grouper, comme si elles obéissaient à l'idée d'un plan ou d'un type préexistant. La seconde difficulté, c'est que les êtres vivants, de leur côté, ne présentent pas toujours, à ce qu'il semble, ce caractère de corrélation absolue entre les diverses parties que nous avons mentionné. Ce qui le prouve, c'est qu'il y a certains êtres que l'on peut couper et diviser comme les corps inorganiques, et dont les morceaux se reforment conformément au tout primitif. Il n'y a donc pas, dans tous les êtres vivants, une solidarité aussi absolue des parties et du tout que le veulent Kant et Cuvier.

Quant à la première de ces difficultés, je réponds qu'il faut profondément distinguer la régularité géométrique que peuvent présenter les cristaux, et l'harmonie d'action qui est le signe distinctif des êtres organisés. La forme géométrique n'est en quelque sorte qu'une disposition extrinsèque, une juxtaposition de parties, qui, considérées du dehors, forment en effet un tout; mais qui en réalité sont indépendantes les unes des autres. Les différentes surfaces, les différents angles que présente un cristal n'ont point d'action ni d'influence réciproques; comme l'a dit Müller, « il n'y a dans le cristal aucun rapport entre sa configuration et l'activité du tout. On ne voit pas qu'un cristal tire de sa configuration aucun avantage pour sa conservation. » Il en est tout autrement dans les êtres vivants : il y a action et réaction des parties les unes sur les autres, services réciproques et action commune. Ainsi le cœur est indispensable au poumon, le poumon au cœur et toutes les

parties agissent en commun pour produire le phénomène général de la vie. Il ne faut donc pas confondre
l'harmonie organique avec l'harmonie géométrique.

Il est bien vrai qu'il y a dans les êtres organisés certains rapports de symétrie, que l'on peut rapprocher, si
l'on veut, de la symétrie des cristaux. Ainsi, M. Dutrochet fait remarquer que les deux principaux types que
l'on rencontre dans l'organisation végétale et animale,
le type radiaire (rayonnés), et le type rameux (vertébrés), se retrouvent dans certains cristaux, par exemple,
dans l'étoile de neige (1). Mais cette symétrie géométrique est profondément distincte de cette corrélation
des organes signalée par Cuvier, comme la loi capitale
de l'être organisé et vivant.

Quant aux êtres organisés, végétaux et animaux, qui
se reproduisent par fissiparité et par bouture, je ferai
observer qu'il n'y a rien là que l'on puisse comparer aux
êtres inorganiques. Car, dans ceux-ci, dans une pierre
cassée, par exemple, les morceaux restent tels qu'ils sont
et ne sont doués d'aucune force de réparation et de reproduction. Au contraire, dans les cas de fissiparité,
chaque partie reproduit l'animal entier. Il y a donc
dans chaque partie en quelque sorte une force repré-
sentative du tout qui ne demande pour se réaliser, qu'à
être séparée. Or, rien de semblable ne se rencontre dans
les cristallisations chimiques : si vous brisez un cristal,
ses parties ne reproduiront pas le tout.

(1) Dutrochet, *Mémoire sur les végétaux et les animaux*, 1857.
Avant-propos, p. XXIII.

Un second caractère de l'être vivant, c'est le mode d'accroissement. On dit généralement que ce qui distingue l'être organisé de l'être inorganique, c'est que l'un se développe par *intussusception*, et l'autre par *juxtaposition*, c'est-à-dire que, dans le premier, l'accroissement a lieu à l'intérieur, et dans le second à l'extérieur. Ce caractère a été contesté par plusieurs naturalistes ou physiciens ennemis du principe vital, c'est-à-dire peu disposés à admettre un principe de vie distinct des forces générales de la nature. Dutrochet, par exemple, a fait observer que cet accroissement intérieur finissait toujours par être une juxtaposition (1). Puisqu'il faut que les molécules introduites se placent à côté des molécules existantes, il arrive un moment où les molécules nouvelles viennent se juxtaposer aux molécules précédentes. Réciproquement, dans les êtres inorganiques, on voit quelquefois un mode d'accroissement intercalaire. Ainsi, dans les minéraux poreux, il s'introduit dans les pores des liquides qui peuvent se solidifier, puis faire masse avec le minéral. C'est un mode d'accroissement intercalaire semblable à l'intussusception.

Il y a, si je ne me trompe, une grande différence entre ces deux faits. Dans les êtres organisés, les molécules qui entrent ne trouvent pas de trous tout faits pour se placer. Évidemment, les molécules nouvelles doivent déplacer les molécules précédentes de manière que les tissus s'élargissent successivement. Il n'en est pas ainsi dans

(1) Dutrochet, *ouvrage cité*, Préface, p. XIX.

les minéraux. Les molécules n'y peuvent entrer que par les trous déjà faits, et le minéral reste ce qu'il était. Certainement, dans les trous il peut se loger de la matière, mais cela ne ressemble pas à cette assimilation intérieure de nos tissus, à cette fusion intime qui constitue la nutrition. Mais une différence plus profonde entre l'accroissement des êtres vivants et celui des corps inorganiques, c'est que dans un être vivant les molécules nouvelles n'arrivent que parce que d'autres s'en vont. Il y a un échange perpétuel entre les molécules du dehors et les molécules du dedans. C'est ce qu'on appelle le tourbillon vital. Ce fait a été rendu très-frappant par les expériences de M. Flourens sur les os ; car, si les os, substances solides, quelquefois assimilés à des corps bruts, se renouvellent continuellement, à plus forte raison en est-il ainsi pour les parties molles et liquides de l'animal. « Dans les profondeurs les plus cachées des êtres vivants, règnent deux courants contraires : l'un, enlevant sans cesse, molécule à molécule, quelque chose à l'organisme, l'autre réparant au fur et à mesure, des brèches, qui trop élargies, entraîneraient la mort (1). » Or de ce fait fondamental résultent des conséquences qui tranchent plus encore les différences du règne vivant et du règne minéral : c'est la croissance et la décroissance corrélatives et alternatives dans les individus vivants. L'être vit, grandit jusqu'à un moment donné, puis décroît, puis s'affaiblit, puis

---

(1) Quatrefages, *Métamorphose de l'homme et des animaux*, chapitre I.

dépérit et meurt. Or, rien de semblable dans les corps inorganiques. Vous n'y trouverez pas cette croissance limitée à un temps donné, à une forme donnée, à une grandeur donnée, puis suivie nécessairement d'une décroissance successive et enfin de dissolution. Supposez l'être vivant soumis aux pures lois de la physique et de la chimie, comment comprendre ce dépérissement successif que l'on appelle la vieillesse, la caducité, et qui finit toujours par la mort? J'admets très-bien que l'être organisé périsse par accident, qu'une force externe le détruise comme elle peut détruire les rochers. Mais comment un être vivant dépérit-il en quelque sorte spontanément et dans des limites de temps rigoureusement fixées? Cela ne peut guère s'expliquer dans une hypothèse purement matérialiste de la vie. Si l'être vivant n'échangeait pas ses molécules contre des molécules nouvelles, on pourrait dire que ces molécules s'usent par le frottement, et qu'il vient un moment où ces molécules sont incapables d'agir, comme les ressorts usés d'une machine. Mais dans un être qui renouvelle sans cesse ses matériaux, il n'y a aucune raison pour que cette combinaison, ce mouvement intérieur chimique ou physique ne dure pas toujours en vertu des lois de la matière. Cette force intérieure qui s'épuise, malgré le renouvellement des matériaux, est un fait dont les explications physico-chimiques ne peuvent pas rendre compte.

Dutrochet, dans une curieuse préface où il combat énergiquement le principe vital, dit que la vie n'est autre chose qu'une exception temporaire aux lois générales de la matière, une suspension momentanée et accidentelle des lois physiques et chimiques, lesquelles finissent toujours par avoir le dessus : et c'est ce qu'on appelle la mort. Cette théorie pourrait se comprendre, si la vie était, en effet, un simple accident, si l'on voyait un être vivant apparaissant ou disparaissant çà et là, comme, par exemple, les monstres dans le règne organisé. Mais il n'est pas vrai que la vie soit une exception. C'est un phénomène aussi général qu'aucun de ceux que présente la matière brute. D'ailleurs, la mort ne triomphe pas de la vie d'une manière absolue. L'individu meurt, les espèces ne meurent pas ; ou si certaines espèces disparaissent, d'autres leur succèdent. La vie se maintient donc en équilibre avec les causes extérieures de destruction qui la menacent. Il n'y a qu'une cause générale et permanente qui puisse expliquer un phénomène aussi permanent.

Quelques physiologistes très-ennemis des explications mécaniques, physiques et chimiques des phénomènes vitaux, et très-partisans des propriétés vitales, n'admettent pas cependant que la vie soit considérée pour cette raison comme l'effet d'une cause immatérielle. Car pourquoi, disent-ils, la matière n'aurait-elle pas des propriétés vitales distinctes des propriétés chimiques, de même que celles-ci le sont des propriétés physiques? Ainsi le vitalisme n'exclurait pas nécessairement le matérialisme. Mais ces savants ne me paraissent pas se rendre bien compte de leur propre opinion.

Si l'on voyait, en effet, que toute matière est douée
de propriétés vitales, on pourrait supposer que ce sont
des propriétés inhérentes à la matière, aussi bien que
les propriétés physiques ou chimiques. Mais comme
nous voyons qu'il n'y a que certains corps qui sont
doués de vie, il est évident que la vie n'est pas une
propriété essentielle de la matière, mais le résultat
d'une certaine condition particulière dans laquelle la
matière se trouverait ; en d'autres termes, d'un certain
groupement de molécules, d'une certaine rencontre
d'affinités, etc., et vous retombez évidemment dans les
explications physico-chimiques. On pourrait, à la vérité, faire une hypothèse, et soutenir qu'il y a deux
sortes de matières, la matière brute et la matière
vivante, douées chacune de propriétés différentes :
ce fut la doctrine de Buffon, dont l'hypothèse des
molécules organiques a été très-célèbre au XVIIIᵉ siècle.
Suivant lui, ces molécules sont naturellement vivantes,
c'est-à-dire douées de sensibilité et d'irritabilité : elles
passent sans cesse d'un être vivant à un autre : il y a
un échange perpétuel de ces molécules entre tous les
êtres vivants ; mais ces molécules n'entrent pas dans les
corps inorganisés, et les molécules inorganiques n'entrent qu'accessoirement dans les corps vivants. Mais
cette hypothèse est aujourd'hui complétement détruite
par les récents progrès de la chimie organique : il est
démontré que la matière des corps vivants est la même
que celle des corps inorganiques, et que les éléments
de la matière vivante sont au fond de l'oxygène, de
l'hydrogène, de l'azote et du carbone, auxquels viennent

s'adjoindre d'autres éléments, comme le phosphore, le fer, le soufre, etc.

De ces deux faits combinés : 1° que tous les corps ne sont pas vivants; 2° que les corps vivants sont composés des mêmes matériaux que les autres corps, il résulte évidemment que la vie, si elle est une propriété de la matière, n'en est pas du moins une propriété primitive et irréductible, mais seulement une condition particulière, due au groupement de certains éléments disposés dans des proportions déterminées : or, c'est là précisément ce que prétendent les adversaires des propriétés vitales. On ne peut donc soutenir à la fois sans inconséquence, le vitalisme et le matérialisme; à moins toutefois que le mot de *vie* ou de *force vitale* ne soit autre chose qu'un signe conventionnel destiné à représenter un groupe de phénomènes provisoirement indépendant de tout autre groupe : or, c'est à quoi consentiront volontiers les matérialistes les plus décidés.

Ainsi le vrai débat est donc entre ceux qui pensent que les phénomènes vitaux pourront un jour s'expliquer par les lois de la physique et de la chimie, c'est-à-dire par les lois générales de la matière, considérées dans certaines applications particulières; et ceux qui, voyant entre la vie et la matière brute des différences si prononcées et si profondes, considèrent cette réduction de la vie à la matière comme une hypothèse gratuite démentie par les faits les plus éclatants.

Cependant il faut bien reconnaître que depuis Descartes jusqu'à nos jours, l'explication des phénomènes

vitaux, par les lois générales de la matière, a fait et fait
encore chaque jour de nouveaux progrès. C'est ainsi que
le fait de la respiration a été ramené depuis Lavoisier,
au phénomène tout chimique de la combustion. Les
expériences sur les digestions artificielles, inaugurées
par Spallanzani, et depuis développées par tant de physiologistes éminents, tendent à prouver également que
la digestion n'est qu'un phénomène chimique (1). La
découverte de l'endosmose par Dutrochet a rapproché
les faits d'absorption des phénomènes de capillarité, et
les récentes découvertes de M. Graham ont jeté beaucoup de jour sur les sécrétions (2). L'électricité, sans
pouvoir expliquer tous les phénomènes de la vie, comme
on l'avait cru dans le premier enivrement de la découverte de Galvani, n'en est pas moins un des principaux
agents des corps organisés, et entre certainement pour
beaucoup dans la théorie du mouvement. La théorie
mécanique de la chaleur a peut-être poussé plus loin
qu'aucune autre théorie la possibilité d'une explication
physique de la vie. La transformation de la chaleur en
mouvement, phénomène que nous pouvons observer
dans nos machines et dont on connaît rigoureusement la loi, ne serait-elle pas le fait capital de la vie?
Enfin, bien avant toutes ces découvertes et au siècle
même de Descartes, l'école de Borelli avait appliqué
les théories de la mécanique au mouvement des corps

(1) Voyez Müller, t. I, liv. II, sect. IV, ch. V.

(2) *Mémoire sur la diffusion moléculaire*, traduit de l'anglais par
Alb. Thouras (*Annales de physique et de chimie*, 1863, 3ᵉ série,
t. LXV, p. 129).

vivants. De tous ces faits, il semble bien résulter qu'un très-grand nombre de phénomènes vitaux peuvent dès à présent s'expliquer par les lois de la physique et de chimie; et quant à ceux qui résistent encore, n'y a-t-il pas lieu de penser qu'on y arrivera un jour?

Sans méconnaître ce qu'il y a de frappant dans ce progrès continu de la science, il me semble toutefois qu'il faut ici distinguer deux choses : les phénomènes qui se passent dans l'être vivant, et cet être lui-même. Que les phénomènes de la vie soient soumis dans une certaine mesure aux lois de la physique et de la chimie, je n'en disconviens pas; mais il ne s'ensuit pas que la vie elle-même soit un fait mécanique, physique ou chimique; car il reste toujours à savoir comment tous ces phénomènes se combinent ensemble de manière à former un être qui vit; il y a toujours là une unité centrale, qui coordonne tous ces phénomènes dans un acte unique. Il y a cette grande loi de la naissance et de la mort, qui n'a rien d'analogue dans le monde purement physique. Il y a enfin cette autre loi de la reproduction qui, bien plus encore que la précédente, trace une barrière jusqu'ici infranchissable entre les deux règnes. C'est là surtout, c'est ce fait merveilleux de la génération, qui tient et tiendra longtemps encore en échec les matérialistes les plus décidés.

VI

L'un des problèmes les plus obscurs de la science humaine, et devant lequel une philosophie circonspecte aimera toujours à garder le silence plutôt qu'à proposer des hypothèses si difficiles à vérifier, est le problème de l'origine de la vie sur le globe terrestre. S'il y a une vérité démontrée en géologie, c'est que la vie n'a pas toujours existé sur notre terre, et qu'elle y est apparue à un jour donné, sans doute sous sa forme la plus élémentaire; car tout porte à croire que la nature, dans son développement, suit la loi de la gradation et du progrès; mais enfin, à un jour donné, la vie est apparue. Comment? D'où venait-elle? Par quel miracle la matière brute est-elle devenue vivante et animée? C'est là, je le répète, un grand mystère, et tout esprit sage aimera toujours mieux se taire que d'affirmer ce qu'il ne sait pas.

. Pour M. Büchner, il n'y a pas là de difficulté. La vie est une certaine combinaison de matière qui est devenue possible le jour où elle a rencontré des circonstances favorables. S'il se bornait à ces termes, il serait difficile de le réfuter: car qui peut savoir ce qui est possible et ce qui ne l'est pas? Mais l'auteur allemand va beaucoup plus loin. Pour lui, il n'y a jamais eu dans la nature apparition d'une force nouvelle. Tout ce qui s'est produit dans le passé a dû se produire par des forces semblables à celles que nous connaissons aujourd'hui. Par là, il s'engage à soutenir qu'aujourd'hui même encore nous assistons au miracle de l'origine de la vie, que la matière est apte à produire spontanément des organismes vivants. En portant la discussion sur ce terrain, il fournit une base solide à la discussion, car nous pouvons alors nous demander ce que la science nous apprend de l'origine actuelle des êtres vivants; en un mot, quel est aujourd'hui l'état de la science sur la vieille et célèbre question de la génération spontanée (1).

On appelle génération spontanée ou *hétérogénie* la formation de certains êtres vivants, sans germes préexistants, par le seul jeu des forces physiques et chimiques de la matière. Dès la plus haute antiquité, on a cru à la génération spontanée. « On voit, dit Lucrèce, des vers tout vivants sortir de la boue fétide lorsque la terre, amollie par les pluies, a atteint un suffisant degré de putréfaction. Les éléments mis en mouvement et rapprochés dans des conditions nouvelles donnent naissance à des animaux. » Cette croyance durait encore au xvie et au xviie siècle. Van Helmont décrit le moyen de faire

---

(1) On trouvera un résumé intéressant de la question des générations spontanées dans les leçons de M. Milne Edwards, reproduites par la *Revue des cours publics scientifiques*, 5, 12, 19 déc. 1863.

naître des souris, d'autres auteurs l'art de produire des
grenouilles et des anguilles. Une expérience décisive de
Redi porta un coup mortel à toutes ces ridicules super-
stitions. Il montra que les vers qui viennent de la viande
ne sont que des larves d'œufs de mouche, et qu'en en-
veloppant la viande dans une gaze légère on empêchait
la naissance de ces larves ; plus tard, on reconnut les
œufs déposés sur cette gaze, et le mystère fut expliqué.
Cependant la découverte du microscope ouvrit une voie
nouvelle aux partisans de la génération spontanée. Les
animaux microscopiques qui apparaissent dans les infusions des matières animales et végétales semblaient
se produire en dehors de toutes conditions sexuelles
et sans germes préexistants. Les belles expériences
de Needham parurent donner gain de cause à cette
opinion ; celles de Spallanzani la firent reculer sans la
vaincre définitivement. Au commencement de notre
siècle, une expérience capitale de Schwann fit faire un
pas décisif à la question, dans un sens contraire à la
génération spontanée. La science semblait avoir abandonné ce problème, lorsque M. Pouchet le remit à la
mode par des expériences qui ont fait du bruit, et qui,
suivant lui, étaient démonstratives de la génération sans
germes. Les anti-vitalistes triomphaient quand un autre
savant, un de nos chimistes les plus éminents, M. Pasteur, a repris la question et l'a poussée à peu près aussi
loin qu'on peut aller aujourd'hui : dans les expériences
les plus délicates, les plus ingénieuses et les plus solides,
il a réfuté tous les arguments des hétérogénistes, et je
crois pouvoir dire que, dans ce grand débat, l'Académie

des sciences et la grande majorité des savants lui ont donné raison.

Il nous serait difficile ici d'entrer dans le détail des discussions expérimentales qui ont eu lieu. Contentons-nous de donner une idée générale et philosophique de la question. Ainsi c'est déjà un fait remarquable et une présomption défavorable à la génération spontanée que les partisans de cette hypothèse aient été peu à peu refoulés jusque (dans le domaine de l'infiniment petit, dans la sphère de l'invisible pour ainsi dire, là où les expériences sont si difficiles, où l'œil est si facilement trompé. Si un tel mode de génération était possible, on ne voit pas pourquoi il n'aurait pas lieu dans d'autres sphères de l'animalité, et pourquoi il serait précisément réduit au monde microscopique.

M. Büchner dit, à la vérité, que ce sont là les organismes les plus imparfaits, et que par conséquent on conçoit qu'ils puissent se produire par le mode de génération le plus simple et le plus élémentaire ; mais il reste à se demander si la perfection des organismes est précisément en raison de leurs dimensions, et si les plus petits sont toujours les plus imparfaits : or c'est ce qui évidemment n'est pas. Si l'on admet, avec M. Milne Edwards, que la perfection d'un animal est en raison de ce qu'il appelle la *division du travail,* c'est-à-dire la division des organes et des fonctions, il est facile de voir que cette division est tout à fait indépendante de la taille de l'animal. Ainsi, les insectes, par exemple, qui sont généralement très-petits, sont des animaux très-supérieurs aux mollusques par le nombre et la division des fonctions ; cependant ils leur sont inférieurs par les dimensions. L'homme, le plus parfait des animaux, n'en est pas le plus grand. On ne peut donc pas conclure de la petitesse à l'imperfection, et par conséquent l'imperfection prétendue des infusoires n'explique pas pourquoi la génération spontanée n'aurait lieu que dans le monde de l'infiniment petit. J'ajoute que l'organisation des infusoires n'est point du tout, comme on serait tenté de le croire, une organisation simple ; elle est, au contraire, très-complexe, et l'illustre micrographe Ehrenberg a démontré que ces petits animaux presque invisibles sont aussi parfaits et aussi richement organisés que beaucoup d'animaux plus élevés (1). M. Büchner nous dit lui-même que le rotifère, qui n'a que le vingtième d'une ligne, a une bouche, des dents, un estomac, des glandules intestinales, des vaisseaux et des nerfs.

On invoque encore en faveur des générations spontanées le raisonnement suivant : « S'il n'y avait, dit-on, qu'un seul mode de génération, la génération par sexe, on comprendrait qu'on fût disposé à rejeter comme une pure illusion contraire à la loi générale les productions spontanées dans certaines espèces ; mais l'expérience nous apprend qu'il y a des modes très-variés de génération ; pourquoi l'un de ces modes, au plus bas degré de l'animalité, ne serait-il pas l'hétérogénie ? »

Cette objection est assez importante pour nous arrêter quelques instants.

(1) Ehrenberg, *Organisation der Infusions Thierchen.*

Les curieuses expériences de Ch. Bonnet (de Genève) sur les pucerons, celles de Trembley sur les hydres d'eau, celles de beaucoup d'autres naturalistes sur les autres classes de polypes, et en général sur les animaux inférieurs, nous ont appris qu'il y avait pour les animaux, comme pour les végétaux, trois modes principaux et distincts de reproduction : la reproduction sexuelle, la gemmiparité, ou reproduction par bourgeons, et la fissiparité, ou reproduction par bouture, par scission, par division. Ces trois modes peuvent même se subdiviser, et il y a des nuances intermédiaires. Ainsi les sexes peuvent être séparés ou réunis ; lorsqu'ils sont réunis dans le même individu, c'est l'hermaphroditisme. Il peut encore arriver qu'il n'y ait qu'un seul sexe, le sexe féminin, qui se reproduit sans la fécondation de l'élément mâle : c'est la parthénogénèse. D'un autre côté, la gemmiparité, ou bourgeonnement, peut être interne ou externe : le bourgeon peut tomber à l'intérieur même de l'animal, et se développer en lui, de manière à en sortir tout formé et imiter ainsi la reproduction ordinaire ; ou bien le bourgeon peut tomber au dehors et se développer dans un milieu externe. Enfin la fissiparité elle-même se subdivise ; elle est spontanée ou artificielle : spontanée, lorsque l'animal se sépare de lui-même en deux animaux distincts ; artificielle, lorsqu'une division externe provoque la multiplication (1).

(1) On trouvera dans le livre curieux de M. de Quatrefages, sur les *Métamorphoses de l'homme et des animaux*, des exemples de tous ces modes si variés de génération.

Entre ce dernier mode, la fissiparité spontanée, et ce
que nous appelons la génération spontanée, y a-t-il
donc une si grande différence, et la nature n'a-t-elle
pas pu passer de l'un à l'autre ? Ne pourrait-on pas
se représenter de la manière suivante l'échelle de développement de la vie ? Le premier degré de la vie, à sa
première apparition, serait spontané : une simple rencontre de matière pourrait en déterminer l'existence.
Puis, l'être vivant une fois né, se reproduirait par
simple scission, à un degré supérieur par bourgeonnement, d'abord externe, puis interne ; à un degré supérieur, le sexe femelle apparaîtrait, et la mère donnerait
naissance à des œufs qui pourraient éclore sans être fé-
condés par le mâle ; à un degré supérieur, l'élément mâle
apparaîtrait, mais confondu sur le même individu avec
l'élément femelle ; enfin, au plus haut degré, les sexes
seraient séparés dans deux individus distincts ; et là
encore une différence existerait entre les animaux qui
produisent des œufs et ceux qui produisent des petits
vivants. Ainsi, les sexes ne seraient que le dernier
degré d'une série de modes de génération, dont le premier n'est qu'une combinaison chimique, une simple
agrégation matérielle (1).

Supposez maintenant, avec M. de Lamarck et d'autres
naturalistes, que les formes vivantes soient modifiables
à l'infini, et que les différentes espèces animales ou
végétales ne soient que les transformations successives
d'un même type, d'un même animal, d'un même végé-

____

(1) C'est ainsi que Lamarck explique l'origine des sexes.

tal, on comprendra que les sexes aient pu ainsi se produire par une série de transformations graduelles, qui auraient commencé à la génération spontanée, pour s'élever jusqu'à la génération vivipare, la plus parfaite de toutes.

Laissant de côté ce dernier point de la question, à savoir la transformation des espèces animales, point capital que nous toucherons dans un des chapitres suivants, voyons ce qu'il faut penser de cette échelle croissante de générations qui s'élèverait ainsi de la génération spontanée à la génération sexuelle et vivipare.

La science moderne a présenté sur cette question un double mouvement en sens inverse des plus intéressants et des plus curieux. Ainsi, tandis que d'un côté on découvrait avec étonnement, dans le règne animal, la reproduction par boutures et par bourgeons, qui semblait propre au règne végétal, bientôt, par une étude plus approfondie, on fut amené à retrouver les sexes et leur rôle important dans ces bas degrés de l'animalité dont on était disposé à les bannir. Quoi de plus curieux, sous ce rapport, que les expériences de Bonnet sur les pucerons ? Il découvre que les pucerons se reproduisent sans sexe et par une opération toute végétative, que M. de Quatrefages appelle un *bourgeonnement interne*. Mais est-ce là tout ? Est-ce leur seul mode de reproduction ? Non ; car au bout de cinq, six générations, peut-être plus, Bonnet vit reparaître les sexes ; il vit ces mêmes animaux s'accoupler, donner naissance à des œufs parfaitement caractérisés, et de ces œufs sortir des petits capables alors de se reproduire solitairement par une sorte de parthénogénèse. La génération solitaire et agame et la génération sexuelle alternent donc dans cette singulière espèce (1).

De même, Trembley découvre l'hydre d'eau ; il découvre que cet animal se multiplie par boutures, c'est-à-dire qu'en le coupant, on obtient autant d'individus semblables au type primitif qu'on peut le désirer. Eh bien ! est-ce là le tout ? Cette sorte de génération suffit-elle à la multiplication des hydres d'eau, et en général des polypes ? Non, et les faits sont ici si curieux, si nombreux et si complexes, que je renvoie le lecteur au livre si intéressant de M. de Quatrefages (2). Mais, ce qui paraît résulter des magnifiques travaux des zoologistes modernes, c'est la restauration de la génération par sexes dans les espèces si confuses et si obscures de l'animalité inférieure. Ces mêmes animaux qui se reproduisent par boutures et par bourgeons, se reproduisent également par des œufs et par le moyen des sexes. M. Ehrenberg, le grand micrographe, le Cristophe Colomb du monde microscopique, a découvert les sexes dans les hydres d'eau ; M. Siebold dans les méduses ; M. Sieberkühn dans les éponges ; M. van Beneden dans les helminthes, ou vers intestinaux ; enfin, M. Balbiani dans les infusoires.

Comment s'expliquer maintenant une telle complication, un tel mélange de systèmes de reproduction dans ces genres inférieurs ? Comment peuvent-ils se

---

(1) Quatrefages, chap. XIII.
(2) Id., chap. XIII, XIV, XV et suiv.

reproduire à la fois de tant de manières différentes ?
Voici l'explication que donne de ce fait M. de Quatrefages, dont l'autorité est considérable en ces matières :
« Jusqu'à nos jours, dit-il, les divers modes de reproduction avaient été considérés comme indépendants les
uns des autres, et par suite, on leur attribuait une importance biologiquement égale. Qu'il fût œuf, bulbille
en bourgeon, le germe était pour les naturalistes quelque chose de primitif ; l'être auquel il donnait naissance ne datait que de lui. La reproduction gemmipare
était donc l'égale de la génération par œufs. — Évidemment, on se trompait. Les bourgeons, les bulbilles,
quelque apparence qu'ils revêtent, ne sont que le produit plus ou moins médiat d'un œuf préexistant : celui-
ci seul renfermait le genre essentiel, le *germe primaire*
de toutes les générations qui découlent de lui. Par
conséquent, les bourgeons ne sont que des *germes secon-*
daires ; et les êtres résultant de leurs développements
se rattachent médiatement à l'œuf primitif. La reproduction par œufs est donc seule fondamentale, c'est une
fonction du premier ordre. La reproduction par bourgeons n'intervient plus que comme accessoire : c'est
une fonction subordonnée (1). — Médiatement ou immédiatement, tout animal remonte à un père et à une
mère (appareil mâle ou femelle) ; et la même observation s'applique aux végétaux. L'existence des sexes
dont la nature inorganique ne présente pas même la
trace, se montre donc comme un caractère distinctif

(1) Quatrefages, *ibid.*, chap. XIX,

des êtres organisés, comme une de ces lois primor-
diales imposées dès l'origine des choses, et dont il faut
renoncer à chercher la raison (1). »

Cette restauration de l'élément sexuel dans la génération des animaux inférieurs est un coup fatal porté
à la génération spontanée. Cette théorie a subi encore
d'autres échecs non moins curieux. Pendant longtemps,
par exemple, elle avait pu invoquer en sa faveur un
fait vraiment étrange et inexplicable en apparence :
c'était l'existence des *entozoaires* ou vers intestinaux.
« Aujourd'hui, disait J. Müller, c'est par la considé-
ration des vers intestinaux qu'il est le plus permis de
soutenir l'hypothèse de la conversion d'une matière
animale non organisée en animaux vivants. » L'existence de ces vers qui naissent jusque dans les tissus
les plus secrets, jusque dans l'intérieur des muscles, dans l'intérieur du cerveau, semblait un véritable mystère : eh bien ! ce mystère est aujourd'hui
expliqué, et l'origine de ces êtres étranges est ramenée
aux lois ordinaires de la reproduction : seulement
elle nous offre un des cas les plus merveilleux et les
plus étranges de la théorie des métamorphoses. C'est
ce qui est décidément établi par les beaux travaux
de M. van Beneden. Qui se fût douté, avant ce savant,
qu'un ver parasite fût destiné à passer une partie de
sa vie dans un animal, et l'autre partie dans un autre ;
qu'il dût vivre à l'état fœtal dans un animal herbivore,
à l'état adulte dans un animal carnivore ? C'est pourtant

(1) Quatrefages, *ibid.*, chap. XXIII.

ce qui arrive. Ces animaux changent en quelque sorte d'*hôtelleries*. Ainsi le lapin loge et nourrit un ver parasite qui ne deviendra adulte que dans le chien ; le mouton nourrit le *cœnure*, qui dans le loup deviendra un *ténia*. Tout ver parasite passe par trois phases : la première est celle de l'œuf pondu dans l'intestin du carnivore et rejeté par celui-ci ; la seconde, celle de l'embryon : l'œuf est avalé par l'herbivore, avec l'herbe qu'il broute, et il éclôt dans son estomac ; la troisième est celle de l'adulte : celle-ci a lieu dans le corps du carnivore qui se nourrit d'herbivores (1). Tout le mystère est expliqué sans génération spontanée. D'ailleurs la découverte des sexes et des œufs dans les entozoaires tranche évidemment la question.

Il faut reconnaître toutefois qu'il y a encore certains faits dont on pourrait tirer avantage en faveur de la génération spontanée. Les deux principaux sont : 1° la reconstruction artificielle des substances organiques par la synthèse chimique (2) ; 2° la résurrection par l'humidité de certains animaux microscopiques, tels que les tardigrades et les rotifères (3).

Nous avons dit déjà que la matière qui compose les êtres organisés est la même que celle qui compose les corps inorganiques. A la vérité, tous les éléments que

---

(1) Flourens, *Journal des savants*, mai 1861.

(2) Voyez Berthelot, *Chimie organique fondée sur la synthèse.* Introduction.

(3) *Rapport sur les animaux réviviscents, à la Société biologique,* par le docteur Broca.

reconnaît la chimie minérale ne sont pas propres à composer de la matière vivante; mais toute matière vivante peut se résoudre en éléments minéraux, dont les principaux sont l'hydrogène, l'oxygène, l'azote et le carbone, auxquels viennent s'ajouter en moindres proportions, le phosphore, le fer, le soufre et quelques autres moins importants. Ainsi l'hypothèse des molécules organiques de Buffon, c'est-à-dire d'une matière particulière propre aux êtres vivants, est aujourd'hui réfutée par la chimie organique. Mais ce qui est vrai, c'est que ces éléments minéraux produisent dans les êtres vivants des composés que l'on ne rencontre pas dans la nature morte; ces composés sont pour la plupart, comme on dit en chimie, ternaires et quaternaires, c'est-à-dire composés de trois ou de quatre éléments, tandis que les composés inorganiques sont généralement binaires. Ces premiers composés organiques, que l'on appelle produits immédiats, se combinent à leur tour en matières plus complexes, qui elles-mêmes finissent par former les tissus et les organes des corps vivants. Voici donc ce qu'on avait obtenu par le moyen de l'analyse chimique : on avait pu, en descendant ainsi du composé au simple, arriver aux éléments, azote, oxygène, carbone, etc. Mais on ne pouvait remonter cette échelle; et jusqu'à ces derniers temps, on ne savait pas avec ces éléments reformer artificiellement les premiers composés : en un mot l'analyse manquait de synthèse. Or, en chimie, la synthèse est la preuve de l'analyse : c'est la vérification, c'est la démonstration. Il manquait donc quelque chose ; l'analyse ne donnait pas tout : ce quelque chose omis par l'analyse, que la synthèse ne pouvait retrouver ou imiter, c'était, disaient les plus grands chimistes, Berzelius, Liebig, Gehrardt, c'était la force vitale. Eh bien! ces produits immédiats, ces premiers composés, réfractaires à la synthèse pendant si longtemps, la synthèse les reproduit aujourd'hui, au moins beaucoup d'entre eux. Déjà, il y a une trentaine d'années, Wöhler avait ouvert la voie par la synthèse de l'urée ; mais ce fait isolé n'avait pas encore ouvert les yeux, et Berzelius pensait que l'urée est tellement près des composés minéraux, qu'il n'y avait aucune conséquence à en tirer en faveur de la possibilité d'une synthèse plus générale. C'est plus tard, et grâce aux beaux travaux de Berthelot, que l'on est arrivé à la solution du problème. Cet éminent chimiste, en se fondant sur ce qu'il appelle les affinités lentes, et en employant comme principal réactif le temps, est arrivé à reconstruire artificiellement les sucres, les éthers, les alcools ; il a par là définitivement relié la chimie organique à la chimie minérale.

Si l'on peut ainsi, par de simples procédés de laboratoire, recréer des matières qui, jusque-là, étaient considérées comme l'œuvre de la force vitale, pourquoi n'arriverait-on pas un jour à reformer l'être vivant tout entier ?

Je répondrai que si l'on parle de possibilité, je ne sais rien de ce qui est possible et ce qui ne l'est pas; que si l'on parle de réalité, l'abîme reste aussi grand qu'il l'a jamais été entre l'être inorganique et l'être organisé. Je n'insiste pas sur les différences que les physio-

logistes prétendent reconnaître entre les matières organiques telles qu'elles sont dans l'être vivant, et les mêmes
matières dans le laboratoire. Suivant M. Claude Bernard,
le sucre qui est dans l'organisme n'est pas le même que
celui qu'on fait dans les cornues. Je n'insiste pas sur ce
débat, car la différence de milieu suffirait seule pour déterminer quelques différences dans les produits. Mais la
différence capitale, c'est celle qui est hautement recon-
nue par M. Berthelot lui-même entre les substances organiques et les substances organisées. Ce sont les premières qui peuvent se créer, mais non les secondes;
tout ce qui a l'attribut de l'organisation échappe jusqu'ici
complétement à toute synthèse artificielle. Et ici, il ne
s'agit pas seulement de l'être vivant lui-même, mais de
ses organes, mais de ses tissus, mais de ses liquides;
en un mot, l'atome organisé, la cellule organique est
en dehors des prises de la chimie ; et rien, absolument
rien, n'indique qu'elle ait aucun moyen d'atteindre à la
solution de ce problème. Or de quoi s'agit-il en réalité?
Est-ce de la matière qui entre dans l'être vivant? Non,
sans doute, mais de la vie elle-même : c'est un tout
autre mystère.

Ce mystère serait-il levé par le fait curieux qui a
aussi beaucoup occupé les naturalistes dans ces derniers temps, la résurrection des animaux morts en apparence, par le moyen de l'humidité ? Ces petits animaux,
infiniment petits, peuvent être soumis à une tempéra-
ture extrêmement élevée qui tue d'ordinaire les autres
êtres vivants; ils sont desséchés jusqu'aux dernières
limites, abandonnés à eux-mêmes pendant un certain.

temps; puis, au bout de ce temps, si on les place dans un peu de liquide, ils se raniment, se meuvent, se nourrissent et paraissent sentir comme auparavant. Ainsi le fait est parfaitement acquis. Il y a des animaux qui, desséchés autant que possible, peuvent se ranimer au bout d'un certain temps au contact de l'eau. Maintenant que prouve ce fait? Absolument rien; car s'il peut s'expliquer, je le reconnais, par l'hypothèse matérialiste, il n'y a rien non plus qui répugne à l'hypothèse contraire. Vous dites que ces êtres étaient morts, et qu'ils ressuscitent. Pourquoi ne supposerais-je pas qu'ils n'étaient pas morts, et que cette résurrection n'est pas autre chose qu'une vie latente qui se manifeste de nouveau? Il y a des morts apparentes, mais il n'y a pas d'exemples de résurrection. Vous dites : Tout autre animal soumis à une semblable et même à une moindre dessiccation serait mort; donc ceux-là sont morts. Cela n'est pas une preuve; car, de ce que d'autres animaux fussent morts dans ces conditions, il ne s'ensuit pas que ceux-là le soient. Le même degré de dessiccation peut ne pas être également funeste à tous les êtres organisés. Dans les êtres que vous citez, la mort est suivie de décomposition, de dissolution. Mais ici il n'y a pas dissolution : l'organisme subsiste. Il est même indispensable que l'organisme n'ait pas été atteint, pour que la vie puisse se manifester de nouveau. Or, s'il y a une force capable de maintenir l'organisme, pourquoi cette force ne serait-elle pas capable de donner des phénomènes vitaux comme auparavant? L'auteur du rapport sur cette question à la Société de biologie,

M. Paul Broca, trouve bien métaphysique cette vie *latente* qui subsisterait dans l'animal ne donnant aucun signe de vie. Toujours est-il que voilà un animal immobile, parfaitement inerte, et qui, à un moment donné, sous certains accidents, redevient mobile et doué de sensibilité. Que ce soit une affinité chimique ou la force vitale, il y a toujours quelque chose qui ne se manifeste pas, mais qui est capable de se manifester dans de certaines circonstances, et par conséquent quelque chose de latent. On ne peut rien conclure de là en faveur de la génération spontanée.

Après avoir écarté les divers arguments que l'on fait valoir en faveur des générations spontanées, il suffirait maintenant, pour emporter la conviction du lecteur, d'exposer avec quelque détail les expériences si belles et si lumineuses de M. Pasteur sur ce difficile sujet ; mais comment résumer des expériences dont l'art réside avant tout dans la précision extrême du détail, et dans une sagacité qui ne laisse échapper aucune cause d'erreur ? Contentons-nous d'exposer les résultats généraux des expériences de M. Pasteur. Ces expériences peuvent se diviser en trois séries.

La première série d'expériences consiste à établir que l'air contient en suspension des corpuscules organisés tout à fait semblables à des germes. Ce fait avait été contesté, et semblait démenti par les expériences de M. Pouchet. Celui-ci, analysant la poussière déposée sur les meubles des appartements, n'y a trouvé que peu ou même point de germes ou d'œufs d'infusoires : ce que l'on prenait pour tels étaient des grains de fécule de

diverses grosseurs et de diverses structures. M. Pasteur,
sans contester ces résultats, qu'il n'a point contrôlés, fait
observer que ce n'est pas sur la poussière au repos qu'il
faut opérer; que cette poussière est exposée à toutes
sortes de courants d'air, lesquels doivent principalement enlever les spores ou particules organisées, plus
légères que les particules minérales. Suivant lui, ce
qu'il faut étudier, c'est la poussière en suspension
dans l'atmosphère : c'est cette poussière en suspension
et en mouvement qu'il recueille par une méthode in-
génieuse et nouvelle, et qu'il analyse. Voici le résultat
de ces analyses : « Ces manipulations fort simples,
dit-il, permettent de reconnaître qu'il y a constamment dans l'air un nombre variable de corpuscules
dont la forme et la structure annoncent qu'ils sont
organisés. Leurs dimensions s'élèvent depuis les plus
petits diamètres jusqu'à 1/100e à 1,5/100es et davantage de millimètre. Les uns sont parfaitement sphé-
riques, les autres ovoïdes. Leurs contours sont plus ou
moins nettement accusés. Beaucoup sont tout à fait
translucides; mais il y en a aussi d'opaques, avec gra-
nulations à l'intérieur. Ceux qui sont translucides, à
contours nets, ressemblent tellement à des spores des
moisissures les plus communes que le plus habile
micrographe ne saurait y voir de différence... Mais
quant à affirmer que ceci est une spore, bien plus, la
spore de telle espèce déterminée, et que cela est un
œuf, et l'œuf de tel microzoaire, je crois que cela n'est
pas possible. Je me borne, en ce qui me concerne,
à déclarer que ces corpuscules sont évidemment or-

ganisés, ressemblant de tout point aux germes des organismes inférieurs (1). »

M. Pasteur a en outre montré que le nombre de ces corpuscules diminue à mesure que l'on s'élève dans l'atmosphère, en vertu des lois de la pesanteur qui les attire vers la terre ; et en effet, exposant divers liquides à l'air libre à différentes hauteurs de l'atmosphère, il obtenait d'autant moins de générations dites spontanées qu'il s'élevait plus haut ; et dans les caves de l'Observatoire, où toutes les poussières de l'atmosphère doivent tomber à terre, n'étant plus soutenues par des courants d'air, il n'en obtenait plus du tout : faits parfaitement conformes à l'hypothèse de la dissémination des germes.

La seconde série des expériences de M. Pasteur consiste à éliminer, par les précautions les plus habiles et les mieux combinées, ces corpuscules organisés, que l'on suppose être des germes, et à démontrer que dans ces conditions-là on n'obtient jamais de productions d'infusoires. Ici vient la critique du mode d'expérimentation de M. Pouchet, lequel, en prenant toutes les précautions habituelles pour détruire les germes, c'est-à-dire en les brûlant, en calcinant l'air dans lequel on opère, etc., continuait cependant à obtenir des générations spontanées. L'erreur de M. Pouchet, signalée

(1) *Mémoire sur les corpuscules organisés suspendus dans l'atmosphère.* Voyez, sur ce mémoire et sur les autres travaux de M. Pasteur Laugel, *Découvertes récentes sur la chimie physiologique* (*Revue des deux mondes*, 15 septembre 1863).

par M. Pasteur, consiste dans l'emploi de la cuve à mercure. Le mercure serait couvert de germes que l'on introduit, sans s'en douter, dans les ballons où a lieu l'opération, et d'où l'on croit d'avance les avoir tous éliminés. Ce qui le prouve, c'est qu'en variant le mode d'expérience, les générations spontanées n'ont jamais lieu; et, au contraire, en prenant une simple goutte de mercure dans la cuve d'un laboratoire quelconque, on obtient avec cette seule goutte dans le liquide le plus pur des productions organisées.

La troisième série d'expériences et la plus originale consiste à obtenir ou à supprimer à volonté les productions d'infusoires, en introduisant ou en supprimant les germes que l'on a recueillis par la première méthode. Les expériences ici sont trop délicates pour être résumées. Je signalerai seulement la plus remarquable, la plus simple et la plus décisive. Que l'on prenne un ballon, rempli d'une liqueur très-fermentescible; que l'on donne au col de ce ballon des courbures diverses en l'étirant à la lampe; que l'on porte ce liquide à l'ébullition, pendant quelques minutes, jusqu'à ce que la vapeur d'eau sorte abondamment par l'extrémité du col *restée ouverte sans autre précaution.* Chose singulière, dit M. Pasteur, bien faite pour étonner toute personne habituée à la délicatesse des expériences sur la génération spontanée, le liquide de ce ballon restera indéfiniment sans altération. Ce qui rend cette expérience remarquable, c'est que d'ordinaire on prend les plus grandes précautions pour empêcher le contact de l'air extérieur. Ici l'ouverture restant ouverte, il semble que l'air doit ap-

porter avec lui le principe des productions spontanées ;
c'est ce qui n'a pas lieu. La raison en est que le col du
tube étant recourbé, les germes tombent sur la surface,
ou s'arrêtent à l'entrée, sans pénétrer jusqu'à la liqueur.
Ce qui le prouve, c'est qu'en détachant le col du ballon
par un trait de lime, sans toucher autrement au ballon,
on obtient immédiatement des productions organisées ;
le col étant cette fois ouvert de façon à laisser tomber
les germes dans le liquide. On obtient encore cette
contre-épreuve par des moyens différents également
décrits, tous d'accord avec l'hypothèse de la dissémination des germes.

Le chef du nouveau matérialisme allemand, M. Moleschott, dit que l'on ne doit rien conclure contre la
génération spontanée par les voies naturelles de ce que
l'on ne peut pas l'obtenir par des voies artificielles.
Si nos moyens chimiques et mécaniques sont insuf-
fisants pour produire artificiellement des êtres vivants,
s'ensuit-il que la nature ait besoin, pour produire de
tels êtres, d'autres moyens que ceux de la mécanique
et de la chimie ? Par exemple, ajoute-t-il, la chimie ne
peut produire artificiellement des roches et des minéraux ; et cependant nul doute que la nature ne les ait
produits antérieurement par des moyens chimiques. Il
en est de même des êtres organisés.

On peut dire d'abord que l'exemple cité est très-mal
choisi ; car précisément la chimie, et cela déjà depuis
assez longtemps, est en voie de produire artificiellement
des minéraux. Le premier exemple de cette reproduction
artificielle a été donné par James Hall qui, suivant les

idées de son maître Hutten, est parvenu à obtenir des marbres en chauffant de la craie en vase clos. Depuis, MM. Mitscherlisch, Berthier, Wohler, Saint-Clair Deville, Daubrée se sont signalés par de nombreuses expériences dans cette voie de la synthèse minéralogique (1). M. Daubrée particulièrement s'est appliqué à la reproduction des roches (2) que M. Moleschott déclare impossible. Mais pour répondre complétement à l'objection de ce philosophe, il faut faire remarquer que les expériences de M. Pasteur n'ont pas seulement un caractère négatif, mais encore un caractère positif; car non-seulement il montre que l'on n'obtient pas d'êtres vivants dans de certaines conditions; mais, qu'en changeant les conditions, on en obtient à volonté : ainsi, il peut à son gré obtenir ou suspendre les productions organisées, ce qui est le vrai caractère de l'expérience bien faite. Mais quelle est cette condition, tantôt suspensive, tantôt favorable? C'est l'absence ou la présence des germes dont d'autres expériences ont montré l'existence dans l'atmosphère.

Au reste, dans les sciences expérimentales, aucune démonstration n'a jamais de valeur absolue, et l'autorité d'une conclusion ne peut être que relative au

(1) Voyez, sur cette question, une note concise et savante de M. H. Saint-Clair Deville, dans le charmant ouvrage d'Alexandre Bertrand, *Lettres sur les révolutions du globe*, par son fils J. Bertrand, de l'Institut.

(2) Voyez son intéressant *Mémoire sur le métamorphisme des roches*, couronné par l'Institut, et qui a mérité à M. Daubrée l'entrée de cette grande compagnie.

nombre des faits observés. Aussi ne faut-il pas dire d'une manière absolue que la génération spontanée est impossible : il faut dire que, dans l'état actuel de la science, il n'existe aucun fait constaté de génération spontanée ; il faut dire que, toutes les fois qu'on a pris les précautions nécessaires, de pareils faits ne se sont pas produits ; il faut dire enfin que tous les arguments qu'on faisait valoir en faveur de cette doctrine ont succombé devant l'expérience. Si limitées que soient ces affirmations, elles sont encore d'une haute importance, car elles condamnent à soutenir une hypothèse gratuite ceux qui les nient. L'hypothèse est sans doute permise dans les sciences spéculatives, là où il est impossible de toucher du doigt les choses elles-mêmes ; mais l'hypothèse ne doit jamais être gratuite ni reposer simplement sur un besoin et un désir de notre esprit. Or le matérialisme, en affirmant la génération spontanée par la seule raison qu'il en a besoin pour étayer son système, fait une hypothèse toute gratuite, dont les faits, tels qu'ils sont, ne lui fournissent pas les éléments.

Pour échapper aux difficultés précédentes, M. Büchner propose une conjecture : « On pourrait supposer, dit-il, que les germes de tout ce qui vit, doués de l'idée de l'espèce, ont existé de toute éternité. » Mais qui ne verra dans cette hypothèse une contradiction manifeste avec le système général de l'auteur ? Car comment ces germes se sont-ils formés ? Par quelle force les éléments de la matière se sont-ils réunis pour former un germe, et un germe qui contienne virtuellement l'espèce ? C'est là un point de vue tout à fait idéaliste. Ce n'est point par ses éléments que le corps vivant se distingue du corps brut, c'est par sa forme. Or cette forme, si vous n'admettez pas la génération spontanée, suppose une force spéciale distincte de la matière même. D'ailleurs cette idée de l'espèce qui serait inhérente au germe est un principe qui dépasse toutes les données du matérialisme. Le nouveau système est donc convaincu d'impuissance dans ses propositions sur l'origine de la vie : est-il plus heureux quand il essaye d'expliquer la pensée?

VII

LA MATIÈRE ET LA PENSÉE.

Au premier abord, l'hypothèse qui réduit la pensée à n'être qu'une fonction du cerveau semble se présenter avec certains avantages, et n'être autre chose qu'une application rigoureuse de la méthode scientifique, car voici sur quoi elle s'appuie. Partout où l'on observe un cerveau, dit-on, on rencontre un être pensant, ou tout au moins intelligent à quelque degré; partout où manque le cerveau, l'intelligence et la pensée manquent également; enfin l'intelligence et le cerveau croissent et décroissent dans la même proportion; ce qui affecte l'un affecte l'autre en même temps. L'âge, la maladie, le sexe, ont à la fois sur le cerveau et sur l'intelligence une influence toute semblable. Or, d'après la méthode baconienne, quand une circonstance produit un effet par sa présence, qu'elle le supprime par son absence ou le modifie par ses changements, elle peut être considérée comme la vraie cause de cet effet. Le cerveau réunit ces trois conditions dans son rapport avec la pensée : il est donc la cause de la pensée.

Mais je ferai remarquer d'abord que la science a encore beaucoup à faire avant d'avoir démontré rigoureusement les trois propositions que je viens de mentionner. Sans parler des deux premières, qui ne sont pas absolument incontestables, c'est surtout la démonstration de la troisième qui laisse à désirer. Avant d'établir que les changements de la pensée sont proportionnels aux changements du cerveau, il faudrait savoir à quelle circonstance tient précisément dans le cerveau le fait de la pensée : c'est ce qu'on ignore encore, car les uns invoquent le volume, les autres le poids, les autres les circonvolutions, les autres la composition chimique, les autres enfin une certaine action dynamique invisible qu'il est toujours facile de supposer. Or, d'après l'avis des physiologistes les plus éminents, la physiologie du cerveau est encore dans l'enfance, et les rapports du cerveau et de la pensée sont profondément inconnus (1). Par exemple, l'état du cerveau dans la folie est une des pierres d'achoppement les plus redoutables de l'anatomie pathologique. Les uns trouvent quelque chose, et les autres ne trouvent rien, absolument rien. Suivant M. Leuret, l'un des plus éminents aliénistes, on ne trouve d'altération dans le cerveau d'un aliéné que lorsque la folie est jointe à quelque autre maladie, telle que la paralysie générale. De plus, les altérations trouvées sont tellement différentes les unes des autres, ont si peu de constance et de régularité, qu'on n'a aucune raison de les considérer comme des

---

(1) Voyez, sur cette question, la *Physiologie de la pensée* de M. Lélut et l'*Anatomie comparée du système nerveux*, par MM. Leuret et Gratiolet·

causes véritables. On peut tout aussi bien y voir des effets, la folie pouvant à la longue amener ces altérations. Dans ces cas, elles ne seraient, pour parler comme les médecins, que consécutives et non essentielles. Enfin une dernière difficulté se tire de la différence de l'homme et de l'animal. Cette différence s'explique-t-elle suffisamment par la différence du cerveau? Il ne le paraît pas, puisque certains naturalistes insistent sur l'identité du cerveau de l'homme et du cerveau du singe pour prouver que l'homme a pu être singe, ou du moins dériver, avec le singe, d'une souche commune. Ici les matérialistes sont assez embarrassés, car tantôt ils sont intéressés à prouver que l'homme diffère du singe, et tantôt qu'il n'en diffère pas. Veulent-ils prouver que l'homme n'est pas une espèce à part dans la nature, et qu'il a pu, à l'origine, se confondre avec les espèces inférieures ; ils montrent les analogies. Veulent-ils expliquer la différence incontestable qui existe entre l'homme actuel et le singe actuel ; ils insistent sur les différences. Mais ces différences, sur lesquelles on dispute, et que quelques-uns ne veulent pas reconnaître, sont-elles assez grandes pour expliquer l'abîme qui sépare les deux espèces? On invoque des intermédiaires, d'une part les nègres, et de l'autre les gorilles, très-populaires depuis les voyages de M. du Chaillu. Or, je le demande, les gorilles seraient-ils capables de fonder la république d'Haïti ou la république de Libéria? Seraient-ils même capables de remplacer les nègres pour le' travail de la canne à sucre? Proposez cette solution aux planteurs d'Amérique ; ils seront bien obligés de reconnaître que les nègres ne sont pas tout à fait des animaux. Plus il y aura de l'analogie entre la constitution de leur cerveau et celle du singe, plus il sera démontré que la différence d'intelligence tient à quelque condition que les sens ne nous montrent pas.

J'ajoute que, ces trois propositions fussent-elles démontrées, le matérialisme ne serait pas plus avancé : car il suffit d'admettre que le cerveau est la condition de la pensée sans en être la cause, pour que les faits mentionnés s'expliquent dans une hypothèse comme dans l'autre. Supposez, en effet, un instant que la pensée humaine soit de telle nature qu'elle ne puisse exister sans sensations, sans images et sans signes (je ne veux pas dire qu'il ne puisse pas y avoir d'autre pensée que celle-là) ; supposez, dis-je, que telle soit la condition de la pensée humaine : ne comprend-on pas qu'il faudrait alors un système nerveux pour rendre la sensation possible, et un centre nerveux pour rendre possibles la concentration des sensations, la formation des images et des signes ? Le cerveau serait dans cette hypothèse l'organe de l'imagination et du langage, sans lesquels il n'y aurait point de pensée pour l'esprit humain. Il résulterait de là que, de même qu'un aveugle privé de la vue manque d'une source de sensations, et par conséquent d'une source d'idées, de même l'esprit auquel manquerait une certaine partie du cerveau, ou qui serait atteint dans les conditions cérébrales nécessaires à la formation des images et des signes, deviendrait incapable de penser, puisque la pensée pure, sans

liaison aucune avec le sensible, paraît impossible dans
les conditions actuelles de notre existence finie. On voit
que les relations du cerveau avec la pensée se conçoi-
vent aussi bien dans l'hypothèse spiritualiste que dans
l'hypothèse contraire, et même les difficultés que présente celle-ci disparaîtraient dans celle-là. Par exemple,
d'où viendrait la différence de l'homme et de l'animal?
Elle aurait sa cause non plus dans la différence des
cerveaux, mais dans la différence de la force interne,
de la force pensante, qui dans l'animal ne saurait com-
biner qu'un petit nombre d'images, et qui ne saurait
transformer les signes naturels en signes artificiels. Les
conditions physiques de la pensée seraient identiques
dans l'un et l'autre cas; les conditions tout immaté-
rielles de la force pensante seraient seules modifiées.
Il en serait de même dans les cas de folie qui pourraient
avoir pour cause tantôt des altérations organiques qui
atteindraient l'organe de l'imagination et des signes,
tantôt des altérations toutes morales qui mettraient
l'âme hors d'état de gouverner ses sensations, de com-
biner les images et les signes, qui la feraient passer de
l'état actif à l'état passif. Si l'on admet, avec certains
physiologistes, un dynamisme cérébral, et si l'on explique la folie ou l'imbécillité par des variations d'intensité dans les forces cérébrales, pourquoi n'admettrais-je
pas un dynamisme intellectuel et moral résidant dans
une substance élémentaire et indivisible, et qui est
susceptible également de certaines variations d'intensité, dont la cause est tantôt en elle et tantôt hors
d'elle? Ce n'est donc qu'en se plaçant à un point de vue

tout superficiel, et pour n'avoir pas suffisamment examiné tous les aspects de la question, que le matérialisme a cru pouvoir s'autoriser de ce fait, que le cerveau est indispensable à la production de la pensée, pour en conclure que le cerveau est le sujet même de la pensée.

Mais il ne suffit pas de montrer que les faits cités par les matérialistes s'expliquent aussi, et peut-être mieux, dans l'hypothèse contraire, car il en résulterait seulement que l'esprit doit rester indifférent et suspendu entre les deux hypothèses. Il y a plus : il y a certains faits décisifs selon nous, certains caractères éminents de la pensée qui paraissent absolument inconciliables avec le matérialisme. On sait quels sont ces faits. Quiconque a un peu étudié cette question devine que nous voulons parler de l'identité personnelle et de l'unité de la pensée. Ces faits sont bien connus, et les conséquences en ont été mille fois exposées. Est-ce notre faute si le matérialisme les omet systématiquement, et nous force sans cesse à les lui opposer de nouveau ?

On ne définit pas l'identité personnelle, mais on la sent. Chacun de nous sait bien qu'il demeure le même à chacun des instants de la durée qui composent son existence, et c'est là ce qu'on appelle l'identité. Elle se manifeste bien clairement dans trois faits principaux : la pensée, la mémoire, la responsabilité. Le fait le plus simple de la pensée suppose que le sujet qui pense demeure le même à deux moments différents. Toute pensée est successive; si on le conteste du jugement, on ne le contestera pas du raisonnement; si on

le conteste du raisonnement sous sa forme la plus
simple, on ne le contestera pas de la démonstration,
qui se compose de plusieurs raisonnements. Il faut
admettre évidemment que c'est le même esprit qui
passe par tous les moments d'une démonstration. Supposez trois personnes dont l'une pense une majeure,
l'autre une mineure, l'autre une conclusion : aurez-
vous une pensée commune, une démonstration commune? Non, il faut que les trois éléments se réunissent
en un tout dans un même esprit. La mémoire nous
conduit à la même conclusion. Je ne me souviens que
de moi-même, a très-bien dit M. Royer-Collard : les
choses extérieures, les autres personnes n'entrent dans
ma mémoire qu'à la condition d'avoir déjà passé par la
connaissance ; c'est de cette connaissance que je me
souviens, et non de la chose elle-même. Je ne pourrais
donc pas me souvenir de ce qu'un autre que moi a fait,
dit ou pensé. La mémoire suppose un lien continu
entre le *moi* du passé et le *moi* du présent. Enfin nul
n'est responsable que de lui-même ; s'il l'est des autres,
c'est dans la mesure où il a pu agir sur eux ou par eux.
Comment pourrais-je répondre de ce qu'un autre a fait
avant que je fusse né? Ainsi pensée, mémoire, responsabilité, tels sont les témoignages éclatants de notre
identité. C'est là un des faits capitaux qui caractérisent
l'esprit.

Il y a de même dans le corps humain un fait capital
et caractéristique, mais qui est le contraire du précédent : c'est ce que l'on appelle le tourbillon vital, ou
l'échange perpétuel de matière qui s'opère entre les

corps vivants et le monde extérieur. Ce fait se manifeste par la nutrition. Nous savons que les corps organisés ont besoin de se nourrir, c'est-à-dire d'emprunter aux corps étrangers une certaine quantité de matière pour réparer les pertes qu'ils font continuellement. Si, en effet, les corps vivants conservaient toute la matière acquise et en introduisaient sans cesse de nouvelle, on devrait voir leurs dimensions croître continuellement : c'est bien ce qu'on voit jusqu'à un certain âge ; mais ce mouvement de croissance s'arrête, et le corps reste stationnaire dans ses dimensions. Il est donc évident par là même qu'il perd à peu près autant qu'il gagne, et que la vie n'est qu'une circulation. Au reste, les plus grands naturalistes ont reconnu le fait. Je citerai surtout les belles paroles de Cuvier : « Dans les corps vivants, dit-il, aucune molécule ne reste en place ; toutes entrent et sortent successivement ; la vie est un tourbillon continuel, dont la direction, toute compliquée qu'elle est, demeure constante, ainsi que l'espèce de molécules qui y sont entraînées, mais non les molécules individuelles elles-mêmes. Au contraire, la matière actuelle du corps vivant n'y sera bientôt plus, et cependant elle est dépositaire de la force qui contraindra la matière future à marcher dans le même sens qu'elle. Ainsi la forme de ces corps leur est plus essentielle que leur matière, puisque celle-ci change sans cesse, tandis que l'autre se conserve. »

Sans insister sur un fait dont nous avons déjà parlé plus haut (1) et dont on trouvera la confirmation

(1) Voyez plus haut, p. 85.

dans tous les physiologistes, disons que le problème pour le matérialisme est de concilier l'identité personnelle de l'esprit avec la mutabilité perpétuelle du corps organisé. Or, il faut reconnaître que les matérialistes ne se sont jamais donné beaucoup de mal pour résoudre ce problème, et le docteur Büchner ne le signale même pas. Il ne va pas de soi cependant que l'identique puisse résulter du changement, ni l'unité de la composition. Si cela est, encore faut-il expliquer comment cela peut être.

La première explication que l'on pourrait donner est celle qui est indiquée dans le passage de Cuvier cité plus haut. Ce tourbillon vital, dira-t-on, a une direction constante ; dans le changement de la matière, il y a quelque chose qui demeure toujours, c'est la forme. Les matériaux se déplacent et se remplacent, mais toujours dans le même ordre et dans les mêmes rapports. Ainsi les traits du visage restent toujours à peu près les mêmes malgré le changement des parties ; la cicatrice reste toujours, quoique les molécules blessées aient disparu depuis longtemps. Ainsi le corps vivant possède une individualité abstraite en quelque sorte, qui résulte de la persistance des rapports et qui est le fondement de l'identité du *moi*.

Une telle explication ne peut satisfaire que ceux qui ne se rendront pas bien compte des conditions du problème ; car en supposant qu'on puisse expliquer cette fixité du type soit individuel, soit générique, par un simple jeu de la matière, par les actions chimiques ou mécaniques, il ne faut pas oublier qu'une identité

ainsi produite ne sera jamais qu'une identité apparente
et tout extérieure, semblable à celle de ces pétrifica-
tions où toutes les molécules végétales sont peu à peu
remplacées par des molécules minérales, sans que la
forme de l'objet vienne à changer. Je dis qu'un tel objet
n'est pas réellement identique, et surtout qu'il ne l'est pas
pour lui-même, et que dans une telle hypothèse vous ne
trouverez aucun fondement à la conscience et au souvenir de l'identité. Car, je le demande, où placerez-vous
le souvenir dans cet objet toujours en mouvement? Sera-
ce dans les éléments, dans les molécules elles-mêmes?
Mais puisqu'elles disparaissent, celles qui entrent
ne peuvent pas se souvenir de celles qui sortent. Sera-ce
dans le rapport des éléments? Il le faudrait, car c'est la
seule chose qui dure véritablement; mais qu'est-ce
qu'un rapport qui se pense soi-même, qui se souvient
de lui-même, qui est responsable? Ce sont là autant
d'abstractions inintelligibles dont nous faisons grâce à
nos lecteurs.

On pourrait se retourner vers l'hypothèse suivante :
A mesure, dirait-on, que les molécules entrent dans
le corps, par exemple dans le cerveau, elles viennent se placer là où étaient les molécules précédentes ;
elles se trouvent donc dans un même rapport avec les
molécules avoisinantes, elles sont entraînées dans le
même tourbillon que celles qu'elles remplacent. Eh
bien! si, par hypothèse, la pensée est une vibration
des fibres cérébrales, puisqu'on explique tout aujour-
d'hui par des vibrations, chaque molécule nouvelle
viendra à son tour vibrer exactement comme la précé-

dente; elle donnera la même note, et vous croirez entendre le même son; ce sera donc la même pensée que tout à l'heure, quoique la molécule ait changé. Ayant les mêmes pensées, l'homme sera le même individu. Une telle explication néanmoins n'a encore rien qui puisse satisfaire, car l'identité de la personne n'est pas attachée à l'identité des pensées. Je puis être ballotté entre les idées et les sentiments les plus contraires sans cesser d'être moi-même : et au contraire deux hommes pensant la même chose à la fois, la série des nombres par exemple, ne deviendront pas pour cela un seul et même homme; plusieurs cordes donnant la même note ne sont pas une seule corde. Ainsi l'identité des vibrations n'explique pas plus que la persistance de la forme la conscience de l'identité personnelle.

On peut encore répliquer : Vous raisonnez dans une hypothèse qui n'est pas la vraie. Vous avez l'air de croire que le cerveau humain change totalement de minute en minute, de seconde en seconde. Il n'en est pas ainsi : le cerveau ne change que successivement. D'un autre côté, le *moi* est-il donc immobile? Ne change-t-il pas aussi, lui, d'instant en instant? Est-ce que le jeune homme est le même que l'homme, l'homme que le vieillard? Ainsi ni le changement n'est absolu dans le corps, ni l'immobilité dans l'âme. Ne pourrait-on pas se rapprocher? La conscience de l'identité correspondrait en nous à la partie durable du cerveau, et la conscience du changement à la partie changeante. De la sorte se réuniraient dans l'homme, selon l'expression

de Platon, l'*un* et le *plusieurs*, le *même* et l'*autre*. C'est
là, je crois, ce que l'on peut dire de plus profond en
faveur du matérialisme ; mais je ne crois pas qu'il se
soit jamais donné la peine d'aller aussi loin dans sa
justification : c'est nous qui voulons bien lui fournir
des armes. Quoi qu'il en soit, ce dernier biais ne
me satisfait pas plus que les précédents. Il y aurait
d'abord quelque chose d'étrange, c'est que l'homme
perdrait à chaque instant une partie de soi-même, et
qu'il se recompléterait à chaque instant. Au bout d'un
certain temps, je n'aurais plus que les trois quarts de
moi-même, puis la moitié, puis le quart, puis rien.
Est-ce bien là le tableau fidèle de ce que nous éprou-
vons quand nous nous sentons changer? Les phénomènes changent, mais nous les attribuons toujours au
même individu : il y a des variations d'intensité dans la
conscience de ce *moi* permanent, des renversements,
des révolutions, mille accidents ; mais l'être persiste et
se retrouve toujours après les défaillances, après les
excitations et les troubles de toute nature auxquels il
est en proie.

Et d'ailleurs ces changements organiques, pour
s'opérer plus lentement, n'en produisent pas moins à
la fin les mêmes effets. Au bout de plusieurs années,
un nouveau *moi* aurait succédé au précédent. Supposons que le renouvellement se fasse en quatre temps
correspondant aux quatre âges de la vie : il y aura
donc un *moi* enfant, un *moi* jeune homme, un *moi* dans
la maturité, un autre dans la vieillesse ! Mais ce sont là
quatre hommes différents, qui héritent en quelque sorte

l'un de l'autre. Comment se réunissent-ils pour en former un seul, et un seul se possédant soi-même, ayant conscience et souvenir de son identité? Ce ne sera là encore qu'une identité apparente, semblable à celle d'une fonction publique remplie successivement par des hommes suivant les mêmes errements que leurs prédécesseurs, mais au fond différents d'eux.

Examinons une dernière hypothèse : on peut dire que tout ne change pas dans le corps vivant, qu'il a quelque chose d'immuable et que ce quelque chose lui aussi est le fondement de l'individualité et de l'identité. Qui affirme que le cerveau tout entier se renouvelle continuellement, qu'il n'y a pas là un dernier fond où le changement ne peut pas pénétrer? C'est une hypothèse d'autant plus plausible, que nous ne voyons pas le renouvellement de la matière cérébrale. Je réponds d'abord que cela n'est indiqué par aucune observation, que ce serait là une pure hypothèse, comme l'âme elle-même, que vous appelez une hypothèse. Rien là donc qui soit pour vous un avantage au point de vue de l'observation ; or, votre prétention à vous matérialistes, c'est de vous fonder sur l'observation. En second lieu, cette matière immuable cachée au fond de la matière mobile et visible, cette matière hypothétique qui constituerait l'être individuel et identique, est-elle organisée ou non? Si elle est organisée, comment échappe-t-elle aux lois de la matière organisée dont la loi fondamentale est la nutrition, c'est-à-dire l'échange des parties, c'est-à-dire encore le mouvement. Comment donc serait-elle immuable? Est-elle inorganique? Mais

où avez-vous vu que la matière inorganique pût penser?
L'expérience ne nous présente la pensée que liée à la
matière organisée. Ainsi cette matière qui penserait
ne serait semblable ni à la matière inorganique, ni à
la matière organisée, c'est-à-dire aux deux seules
espèces de matières que nous connaissions. C'est donc
une matière qui échappe à l'expérience et qui par conséquent tombe sous l'objection même que vous faites
à l'âme. C'est une hypothèse gratuite et commandée
par les besoins de votre cause, mais nullement indiquée par les faits.

Je me borne aux considérations précédentes tirées de
l'identité du sujet pensant; quant à celles qui se tirent
de son unité, elles sont tellement connues et répandues
qu'il est inutile d'y insister; elles sont d'ailleurs tout à
fait du même ordre que les précédentes. Je me borne-
rai à quelques indications générales.

L'unité du moi est un fait indubitable. Toute la
question est de savoir si cette unité est une résultante,
ou un fait indivisible. Mais si l'unité du moi est une
résultante, la conscience qui nous atteste cette unité
est aussi une résultante ; et c'est bien ce que l'on soutient, non-seulement dans l'école matérialiste, mais
encore dans l'école panthéiste. Mais c'est ce que l'on
n'a jamais prouvé, ni même expliqué. Car comment
admettre et comprendre que deux parties distinctes
puissent avoir une conscience commune? Qu'une individualité tout externe puisse résulter d'une certaine
combinaison de parties, comme dans un automate,
je le comprends; mais un tel objet ne sera jamais un

individu pour lui-même; il n'aura jamais conscience d'être un moi. Or, pour le matérialisme, l'homme ne peut être autre chose qu'un automate, infiniment plus compliqué que les automates de l'art humain, mais au fond semblable à eux. Où pourra résider la conscience du moi dans une pareille machine?

Que si vous admettez, comme Diderot semble le penser avec Leibnitz, qu'il y a, dans les éléments mêmes de la matière, un commencement de conscience et une sorte de perception sourde, je dis que cela n'est possible qu'à la condition que ces éléments ou atomes soient absolument simples et irréductibles, c'est-à-dire soient de véritables *monades*, suivant l'expression de Leibnitz. Mais alors pourquoi se refuser à admettre que quelques-unes de ces monades puissent passer d'une conscience sourde et incomplète à une conscience claire et distincte, de l'inertie à la vie, de la vie à la sensibilité, de la sensibilité à la pensée? Et ne serait-ce pas alors de véritables âmes? Que si vous persistez à soutenir que c'est par la somme et l'addition de ces consciences imparfaites que se produit la conscience totale, je persiste à soutenir que lors même que vous ajouteriez l'une à l'autre toutes les consciences de l'univers, jamais vous ne formerez ainsi une conscience individuelle et unique. L'unité, perçue par le dehors, peut être le résultat d'une composition; mais elle ne le peut pas, quand elle se perçoit elle-même au dedans.

VIII

Le docteur Büchner, nous l'avons vu (2), se refuse avec tous les matérialistes, à admettre aucune cause finale dans la nature ; et en cela, il est autorisé en quelque sorte, il faut le reconnaître, par l'aversion non déguisée que la plupart des savants professent pour les causes finales. J'ai de la peine, je l'avoue, à m'expliquer cette aversion. En quoi donc l'hypothèse d'un plan et d'un dessein dans la nature (car c'est en cela que consiste la doctrine des causes finales) est-elle contraire à l'esprit scientifique ? Il faut distinguer soigneusement ici deux ordres d'idées : la méthode et le fond des choses. La méthode des causes finales peut être stérile et nuisible dans la science, sans qu'il en résulte pour cela qu'il n'y ait point de causes finales dans la réalité. Sans doute, si nous commençons par supposer que tel phénomène a un but et un certain but, nous pouvons être entraînés par là, pour mettre les choses d'accord avec ce but imaginaire, à supprimer des faits réels et à en intro-

(1) Nous préparons sur les causes finales un travail spécial et étendu, dont nous détachons le présent chapitre.

(2) Voyez plus haut, p. 27.

duire de chimériques : il ne faut donc point partir de cette idée préconçue, et que l'expérience pourrait démentir ; mais si c'est là une mauvaise méthode pour découvrir les faits (et cela même est-il vrai sans restriction ?), s'ensuit-il que les faits, une fois découverts, ne révéleront pas des convenances, un plan, une intention, une finalité ? Pourquoi vouloir à toute force qu'il n'y ait rien de semblable dans les choses ? N'est-ce pas là un préjugé tout aussi dangereux, tout aussi trompeur que le premier, quoiqu'il lui soit contraire ? Le désir de ne pas trouver de causes finales dans la nature peut m'induire à des théories chimériques aussi bien que le désir opposé. Ainsi le vrai principe de la méthode scientifique en cette circonstance doit être l'indifférence aux causes finales et non pas l'hostilité. Un naturaliste célèbre de notre temps, M. Flourens, a très-bien dit : « Il faut aller non pas des causes finales aux faits, mais des faits aux causes finales. » C'est dans le même sens que Bacon les écartait de la physique, pour les renvoyer à la métaphysique.

Au reste, il semble que le chef du nouveau matérialisme allemand, M. Moleschott, soit disposé à revenir sur ses pas en cette question. Car dans un discours d'ouverture qu'il a récemment prononcé à Turin, où il vient d'être nommé professeur, nous lisons ces curieuses paroles : « Ne croyez pas que je sois assez téméraire ou assez aveugle pour dénier à la nature un dessein et un but. Tous ceux dont je partage les idées ne repoussent nullement le τέλος; qu'ils devinent, qu'ils voient parfois, avec Aristote, dans la nature. Mais ils veulent

prémunir l'investigateur contre les labyrinthes dans
lesquels irait se perdre sa recherche, si elle tentait
de deviner, au lieu de s'en tenir *au rerum cognoscere
causas* (1). »

Les naturalistes se persuadent qu'ils ont écarté les
causes finales de la nature lorsqu'ils ont démontré comment certains effets résultent nécessairement de certaines causes données. La découverte des causes efficientes leur paraît un argument décisif contre l'existence des causes finales. Il ne faut pas dire, selon eux,
« que l'oiseau a des ailes *pour* voler, mais qu'il vole
parce qu'il a des ailes. » Mais en quoi, je vous prie, ces
deux propositions sont-elles contradictoires? En supposant que l'oiseau ait des ailes pour voler, ne faut-il
pas que le vol résulte de la structure des ailes? Et ainsi,
de ce que le vol est un résultat, vous n'avez pas le droit
de conclure qu'il n'est pas un but. Faudrait-il donc,
pour que vous reconnussiez un but et un choix, qu'il y
eût dans la nature des effets sans cause, ou des effets
disproportionnés à leurs causes? Des causes finales ne
sont pas des miracles ; pour atteindre un certain but, il
faut que l'auteur des choses ait choisi des causes secondes précisément propres à l'effet voulu. Par conséquent, quoi d'étonnant qu'en étudiant ces causes vous
puissiez en déduire mécaniquement les effets? Le contraire serait impossible et absurde. Ainsi expliquez-nous
tant qu'il vous plaira qu'une aile étant donnée, il faut
que l'oiseau vole : cela ne prouve pas du tout qu'il n'ait

(1) *Revue des cours publics scientifiques,* 18 janvier.

pas des ailes pour voler. De bonne foi, si l'auteur de la nature a voulu que les oiseaux volassent, que pouvait-il faire de mieux que de leur donner des ailes?

Cet accord des causes efficientes et des causes finales a été admirablement exprimé par Hegel dans cette pensée spirituelle et profonde : « La raison, dit-il, est aussi rusée que puissante. Sa ruse consiste en ce que, pendant qu'elle permet aux choses d'agir les unes sur les autres conformément à leur nature, et de s'user dans ce travail sans se mêler et se confondre, elle ne fait par là que réaliser ses fins. On peut dire à cet égard que la Providence divine est vis-à-vis du monde et des événements qui s'y passent la ruse absolue. Dieu fait que l'homme trouve sa satisfaction dans ses passions et ses intérêts particuliers, pendant qu'il accomplit ses fins, qui sont autres que ces intérêts et ces passions ne se le proposent. »

Je n'ai besoin que de rappeler les faits bien connus, si souvent cités, qui donnent lieu de croire que la nature, au moins dans les êtres vivants (je laisse le reste), a suivi un plan et un dessein, s'est proposé un but, et a cherché les meilleurs moyens pour le réaliser. Les principaux de ces faits sont la structure des organes si bien appropriés à la fonction qu'ils doivent remplir, comme l'œil à la vue, le cœur à la circulation du sang ; l'appropriation des organes au milieu, comme la structure des poumons pour la respiration dans l'air et des branchies pour la respiration dans l'eau ; la corrélation des organes entre eux, — notamment le rapport sur lequel Cuvier a tant insisté entre la forme des dents et tout le

système osseux de l'animal ; les sexes, si merveilleuse-
ment combinés l'un pour l'autre; la sécrétion du lait
dans les mamelles après l'enfantement dans la classe
des mammifères; les instincts industrieux des animaux, etc. Tous ces faits ont été si souvent développés,
surtout au xviiie siècle, que nous nous contenterons de
les indiquer en renvoyant aux livres si curieux et trop
oubliés de Nieuwentyt, de Paley, de Reimarus enfin, le
maître de Kant, qui le nomme plusieurs fois avec une
respectueuse admiration. Eh bien ! en présence de
tant d'exemples divers, d'une signification si éclatante,
ne nous sera-t-il pas permis de dire, comme font les
savants dans des circonstances semblables, que tout se
passe *comme si* la cause, quelle qu'elle soit, qui a fait
les organes dans l'être vivant avait eu devant les yeux
l'effet particulier que chacun d'eux devait produire, et
l'effet commun qu'ils devaient produire tous ensemble,
en d'autres termes que cette cause a eu un plan et s'est
proposé un but? Ce but, prévu et déterminé à l'avance,
est ce que l'on appelle une cause finale.

Toutefois prenons garde de nous laisser subjuguer
par l'imagination et par l'habitude. Peut-être l'hypothèse des causes finales n'est-elle, comme l'ont pensé
Épicure et Spinoza, que l'ignorance des causes véritables ; peut-être une étude plus approfondie nous ap-
prendra-t-elle à démêler quelque cause réelle qui
nous échappe, et nous montrera un effet naturel là où
nous croyons voir la main d'une volonté prévoyante.
Ainsi, dans les tours d'adresse par lesquels un presti-
digitateur nous éblouit, nous croirions volontiers à une

puissance magique et surnaturelle, parce que nous ignorons les causes très-simples et souvent très-grossières qui amènent ces merveilleux effets. La nature ne serait-elle pas aussi une magicienne qui nous cache ses fils, ses ressorts, son jeu, et qui, nous montrant les effets en voilant les causes, nous jette, comme dit Spinoza, dans un stupide étonnement?

Pendant longtemps, la philosophie matérialiste, aussi ignorante des lois de la nature que la philosophie contraire, s'était contentée d'attribuer au hasard et à des rencontres fortuites ces harmonies et ces convenances qui nous émerveillent. Ce vague appel à des causes fortuites laissait toute sa force à l'argument que les spiritualistes tiraient de l'ordre de l'univers. Dire en effet, avec les anciens épicuriens, que la terre féconde et amollie a pu produire à l'origine, par une vertu spontanée, toute sorte d'êtres vivants, — que les atomes, en se combinant suivant les lois de la pesanteur et du *clinamen*, ont amené ici des plantes et là des animaux, ici des poissons et là des hommes, que des milliards de formes ont été enfantées qui, étant impropres à la vie, ont succombé, qu'on a vu des moitiés d'êtres vivants sortir de la boue fétide avec un corps inachevé, que toute sorte d'organes se sont rencontrés au hasard, et qu'enfin parmi ces rencontres un certain nombre ont été heureuses, et ont formé les plantes et les animaux que nous connaissons : — un tel système, qui est celui que nous expose Lucrèce, est tellement grossier et maladroit que c'était autrefois une bonne fortune pour la philosophie spiritualiste d'avoir à le réfuter. L'extrava-

gance de pareilles explications, l'absence même de
toute explication démontraient ici mieux qu'aucun argument l'impossibilité d'écarter de l'univers une cause
prévoyante et intentionnelle.

Mais dans ces derniers temps, — à peu près depuis
un demi-siècle, — la science s'est portée avec un puissant effort sur ce problème, et a essayé de ramener à
certaines causes déterminées, à certaines lois naturelles, le grand mystère des appropriations organiques.
Elle n'a pu se contenter d'un si aveugle emploi des
causes fortuites, et elle a cherché à établir un rapport
plus précis, plus vraisemblable, entre les causes et les
effets. Elle a compris que dire d'une manière vague
que la matière, en se combinant, a formé des êtres vivants, c'était ne rien dire, car le problème est précisément d'expliquer comment la matière a pu produire
des êtres aptes à la vie. Il fallait trouver quelque raison
précise et particulière à ces appropriations merveil-
leuses, que le hasard ne peut expliquer. De là plusieurs
hypothèses plus ou moins spécieuses, dont le matérialisme s'est hâté de s'emparer, et, pour dire toute la vérité, il faut reconnaître que le combat est devenu plus
sérieux qu'il ne l'était autrefois.

Parmi ces hypothèses, l'une des plus intéressantes et
des plus ingénieuses est celle qu'un célèbre naturaliste
anglais, M. Darwin, a développée tout récemment, avec
infiniment de science et d'esprit, dans son livre sur
l'origine et la formation des espèces. Ce livre, invoqué
par Büchner comme une confirmation éclatante de ses
doctrines, mérite une discussion approfondie. Mais au-

paravant, rappelons les hypothèses analogues qui ont précédé la sienne, et auxquelles lui-même fait encore une certaine part dans sa doctrine.

Plusieurs principes ou agents ont été proposés pour expliquer sans aucune cause finale les appropriations organiques. Les principaux sont l'action des milieux, l'habitude et le besoin. C'est par l'action combinée de ces agents que Lamarck explique la transformation progressive de l'animalité, qui s'est élevée, suivant lui, par un perfectionnement continu, de la forme la plus élémentaire à la plus complexe, de la monade à l'humanité : théorie redoutable que Diderot, dans l'audace féconde de son inventive imagination, semble avoir le premier rêvée, et qu'un esprit aventureux du dernier siècle, Benoît de Maillet, a développée avant Lamarck dans un livre moitié ridicule, moitié profond, le *Telliamed*, qui a provoqué les railleries de Voltaire et le majestueux dédain de Cuvier.

Nul doute que les conditions extérieures dans lesquelles un animal se trouve placé n'agissent sur lui et ne le modifient dans une certaine mesure. C'est l'ensemble des circonstances (air, eau, accidents météorologiques, éducation, etc.), que l'on appelle le milieu. Eh bien ! disent certains naturalistes, si c'était le milieu lui-même, qui, modelant, assouplissant l'animal à ses influences, le rend propre à vivre précisément au sein de ces influences, y aurait-il donc à s'étonner de l'accord qui existe entre les organes et le milieu, comme si l'on s'étonnait, par exemple, qu'un fleuve trouvât précisément un lit tout fait pour le recevoir, tandis que c'est lui-même qui se fait son lit? Ce serait là un vrai cercle vicieux. Par exemple, serait-il raisonnable de dire que les paysans ont été doués par la nature d'une force d'organisation plus grande que celle des autres hommes, parce qu'ils étaient destinés à subir de plus grandes intempéries, le chaud, le froid, la pluie, la neige, le vent, et que la Providence leur a ménagé ainsi plus de chances de conserver leur existence, si nécessaire au bien-être de l'humanité? N'est-il pas manifeste qu'on prendrait ici l'effet pour la cause? Car si les paysans sont forts, c'est précisément parce qu'ils ont eu à résister à de nombreux accidents physiques qui fortifient quand ils ne tuent pas. De pareilles causes finales ne peuvent être admises par personne. Eh bien! si l'on pouvait établir que toutes les modifications organiques ont pour cause une action de milieu, n'aurait-on point par là porté le coup le plus sérieux à la doctrine des causes finales?

Il faut reconnaître que les conditions extérieures agissent sur l'organisation et la modifient, mais jusqu'où et dans quelle mesure? C'est là le grand débat qui partage les naturalistes et qui donne lieu aujourd'hui à d'importantes recherches expérimentales. Nous n'avons pas l'intention de nous y engager. Jusqu'ici cependant il ne paraît pas que les actions de milieu, telles que nous pouvons les connaître et les observer, pénètrent bien profondément dans l'organisation. Les plus importantes sont celles que nous produisons artificiellement par la domestication; mais avons-nous jamais

créé un seul organe? Quelque grande que l'on fasse la
part à ces actions extérieures, on admettra difficilement
qu'elles puissent déterminer la formation des organes
les plus complexes et les plus importants. Par exemple,
certains animaux respirent par les poumons et d'autres
par les branchies, et ces deux sortes d'organes sont parfaitement appropriés aux deux milieux de l'air et de
l'eau. Comment concevoir que ces deux milieux aient
pu produire des appareils si complexes et si bien appropriés? De tous les faits constatés par la science, en est-
il un seul qui puisse justifier une extension aussi grande
de l'action des milieux? Si l'on dit que par milieu il ne
faut pas seulement entendre l'élément dans lequel vit
l'animal, mais toute espèce de circonstance extérieure,
je demande que l'on me détermine quelle est précisément la circonstance qui a fait prendre à tel organe la
forme du poumon, à tel autre la forme de branchies;
quelle est la cause précise qui a fait le cœur, cette machine hydraulique si puissante et si aisée, et dont les
mouvements sont si industrieusement combinés pour
recevoir le sang qui vient de tous les organes du cœur
et pour le leur renvoyer; quelle est la cause enfin qui a
lié tous ces organes les uns aux autres, et a fait de l'être
vivant, suivant l'expression de Cuvier, « un système
clos, dont toutes les parties concourent à une action
commune par une réaction réciproque? » Que sera-ce
si nous passons aux organes des sens, au plus merveilleux, l'œil de l'homme ou celui de l'aigle? Darwin lui-
même s'arrête un instant, presque effrayé de ce problème. L'esprit de système qui le soutient le fait passer

outré ; mais, parmi les savants qui n'ont pas de système, en est-il un qui ose soutenir qu'il entrevoie d'une manière quelconque comment la lumière aurait pu produire par son action l'organe qui lui est approprié, ou bien, si ce n'est pas la lumière, quel est l'agent extérieur assez puissant, assez habile, assez ingénieux, assez bon géomètre, pour construire ce merveilleux appareil qui a fait dire à Newton : « Celui qui a fait l'œil a-t-il pu ne pas connaître les lois de l'optique ? » Grande parole, qui, venant d'un si grand maître, devrait bien faire réfléchir un instant les improvisateurs de systèmes cosmogoniques, si savants sur l'origine des planètes, et qui passent avec tant de complaisance sur l'origine de la conscience et de la vie !

Ce qu'il y a de plus facile à expliquer, à ce qu'il semble, par les actions de milieu, c'est la coloration de la peau. Or on dispute même, et c'est un débat qui se prolonge encore entre les naturalistes, pour savoir si la différence de milieu peut expliquer la différence de la race caucasique et de la race nègre. Et même, par une contradiction piquante, ce sont souvent les mêmes naturalistes, si complaisants pour les actions extérieures quand il s'agit de rapprocher le singe de l'homme, qui deviennent les plus exigeants et les plus incrédules lorsqu'on cherche à expliquer par les mêmes actions la différence des blancs et des noirs. Sans entrer dans ce débat, je me contenterai de dire que si l'unité de l'espèce humaine est encore un problème pour les naturalistes, à plus forte raison en est-il de même pour l'unité de l'animalité tout entière.

Au reste, ce qui prouve mieux que tout raisonnement l'insuffisance du principe des milieux, c'est que les naturalistes les plus favorables à ce principe ne s'en sont pas contentés et en ont invoqué d'autres concurremment avec celui-là. Il y a même ici une remarque à faire, qui n'est pas sans intérêt : c'est que le naturaliste qui passe pour avoir attaché le plus d'importance à l'action des milieux, Lamarck, entend cette action dans un sens très-différent de celui qu'on attendrait d'après l'opinion reçue, car il attribue au milieu beaucoup plutôt une action perturbatrice qu'une action plastique.

La loi fondamentale, suivant Lamarck, c'est la complication progressive des organismes. Or ce n'est pas le milieu qui produit cette progression. Le milieu au contraire, ou cause modifiante, ne fait que la troubler : c'est lui qui amène des interruptions, des hiatus, de véritables désordres, et empêche la série animale de présenter cette échelle graduée et continue qu'avait défendue Bonnet, suivant ce principe célèbre : *natura non facit saltus*. Quel est donc le vrai principe formateur de l'animalité selon Lamarck ? C'est un principe distinct du milieu, indépendant du milieu, un principe qui, abandonné à lui-même, produirait une série ininterrompue dans un ordre parfaitement gradué : c'est ce qu'il appelle le pouvoir de la vie. « Tout porte ici, dit-il dans son mauvais style, sur deux bases essentielles et régulatrices des faits observés et des vrais principes zoologiques, savoir : 1° sur le *pouvoir de la vie*, dont les résultats sont la composition croissante de l'organisme et par suite la progression citée ; 2° sur la *cause modifiante*,

dont les produits sont des interruptions, des déviations
diverses et irrégulières dans le pouvoir de la vie. — Il
suit de ces deux bases essentielles : d'abord qu'il existe
une progression réelle dans la composition de l'organisation des animaux que la cause modifiante n'a pu empêcher, ensuite qu'il n'y a pas de progression soutenue
et régulière dans la distribution des races d'animaux,
parce que la cause modifiante a fait varier presque partout celle que la nature eût régulièrement formée, si
cette cause modifiante n'eût pas agi (1). »

Cette distinction entre l'action perturbatrice du milieu et son action plastique est de la plus haute importance pour la question qui nous occupe, car l'appropriation des organes aux fonctions n'étant plus l'effet
du milieu, mais de la vie, le problème reste tout entier,
et il s'agit toujours de savoir comment la vie, cause
aveugle et inconsciente, peut accommoder toutes les
parties de l'animal à leurs usages respectifs et les lier
ensemble à une action commune. Dans cette doctrine,
le milieu ne peut plus être invoqué comme cause, puisqu'il n'est qu'un obstacle, et que sans lui les formes organiques seraient encore plus régulières et plus harmo-
nieuses qu'elles ne le sont.

Le milieu étant donc, de l'aveu même de Lamarck,
un principe insuffisant pour expliquer la production
des formes organiques, et par conséquent leur appropriation, ce qu'il appelle le pouvoir de la vie sera-t-il plus
heureux, et par quels moyens obtiendra-t-il cet effet?

(1) Lamarck, *Histoire des animaux sans vertèbres*, t. I.

Ici Lamarck fait appel à deux nouveaux agents que nous avons déjà indiqués, l'habitude et le besoin. Il établit deux lois : la première, c'est que le besoin produit les organes; la seconde, c'est que l'habitude les développe et les fortifie.

Insistons sur la différence de ces principes et du précédent. Dans l'hypothèse du milieu, la cause modifiante et transformante est tout extérieure. Rien ne vient de l'objet transformé. Il est comme une cire molle par rapport à la main qui la modèle et qui la pétrit. Ainsi en est-il de ces roches qui sous l'action des eaux se creusent et deviennent des grottes, des temples, des palais. Il est de toute évidence qu'il n'y a là nulle appropriation préméditée. En est-il de même quand vous invoquez le pouvoir de l'habitude ou du besoin? Non sans doute, car ce ne sont pas là des causes externes, mais des causes internes : quoique déterminées par les circonstances extérieures, elles agissent néanmoins du dedans; elles sont avec le milieu des causes coopératrices. Ce sont elles, et non plus les milieux, qui accommodent l'être vivant à ses conditions d'existence. Eh bien ! en supposant que ces causes puissent rendre compte de toutes les appropriations organiques (ce qui est plus que douteux), je dis que l'on n'aurait encore rien gagné par là, car cette puissance d'accommodation est elle-même une appropriation merveilleuse. Ici ce n'est plus seulement, comme tout à l'heure, une cause physique modelant l'animal ou le végétal du dehors; c'est un pouvoir interne concourant avec l'action externe et s'accommodant aux besoins de l'être vivant,

Eh quoi ! il y a dans l'être vivant une puissance telle que si le milieu se modifie, l'être vivant se modifie également pour pouvoir vivre dans ce milieu nouveau ! Il y a une puissance de s'accommoder aux circonstances du dehors, d'en tirer parti, de les appliquer à ses besoins ! Et dans une telle puissance vous ne voyez pas une finalité ! Imaginez que l'être vivant ait la nature dure et inflexible de la pierre et du métal, chaque changement de milieu devient pour lui une cause de destruction et de mort ; mais la nature l'a fait souple et flexible. Or dans une telle flexibilité je ne puis m'empêcher de reconnaître une pensée préservatrice de la vie dans l'univers.

On le verra mieux en examinant la chose de plus près. Il faut ici admettre deux cas : ou bien l'animal a conscience de son besoin, ou il n'en a pas conscience, car les animaux inférieurs, suivant Lamarck, sont dénués de sensibilité aussi bien que les végétaux. Dans ce second cas, Lamarck soutient que la production d'un organe a une cause toute mécanique ; par exemple « un nouveau mouvement produit dans les fluides de l'animal. » Mais alors, si l'organe n'est que le résultat d'une cause mécanique, d'un mouvement de fluides, sans aucun sentiment, et par conséquent sans aucun effort, comment se trouve-t-il avoir une appropriation quelconque avec les besoins de l'animal ? Comment les fluides iront-ils précisément se porter vers le point où la production d'un organe serait nécessaire ? et comment produiraient-ils un organe approprié au milieu où l'animal vit ? Quant à dire qu'il se produit toute espèce d'organes, les uns utiles, les autres inutiles, les autres nuisibles, et que l'animal ne subsiste que lorsque le nombre des organes utiles vient à l'emporter, n'est-ce pas tout simplement revenir à l'hypothèse d'Épicure et attribuer tout au hasard, ce que l'on voulait éviter? D'ailleurs les faits donnent-ils raison à cette hypothèse? Si les combinaisons d'organes sont fortuites, le nombre des organes inutiles ou nuisibles devrait être infiniment plus grand qu'il ne l'est (en supposant même qu'il y en ait un seul de ce genre, ce qui n'est pas démontré): car ces deux conditions n'excluent pas absolument la vie. Et dire que cela a été autrefois ainsi, c'est se jeter dans l'inconnu, sans compter que les découvertes paléontologiques ne donnent pas à penser que les animaux fossiles aient été plus mal construits que ceux d'aujourd'hui.

Si au contraire c'est un besoin ressenti qui déterminerait lui-même la direction des fluides, comment les fluides se dirigeront-ils précisément là où le besoin existe, et produiront-ils précisément le genre d'organes qui est nécessaire à la satisfaction du besoin? Un animal éprouve le besoin de voler pour échapper à des ennemis dangereux : il fait effort pour mouvoir ses membres dans le sens où il doit le plus facilement se soustraire à leur poursuite. Comment cet effort et ce besoin combinés réussiront-ils à faire prendre aux membres antérieurs la forme de l'aile, cette machine si délicate et si savamment combinée que toute la mécanique la plus subtile de l'homme peut à peine soupçonner comment on pourra l'imiter? Pour que le mouvement des fluides puisse amener des combinaisons aussi difficiles, il faut autre chose qu'un besoin vague et un effort incertain.

Lamarck reconnaît « qu'il est très-difficile de prouver par l'observation » que le besoin produit l'organe ; mais il soutient que la vérité de cette première loi se déduit logiquement de la seconde loi, attestée par l'expérience, d'après laquelle l'organe se développe par l'expérience et par l'habitude. Ainsi, selon lui, de ce que l'habitude développe les organes, il s'ensuit que le besoin peut les créer. Qui ne voit l'abîme qu'il y a entre ces deux propositions ? Quoi ! parce qu'un organe étant donné croît ou se développe par l'exercice, on en conclura que le besoin peut produire un organe qui n'existe pas ! La production d'un organe qui n'existe pas peut-elle s'assimiler au développement d'un organe qui existe ? Nous voyons bien que l'exercice augmente les dimensions, la force, la facilité d'action d'un organe, mais non pas qu'il le multiplie et qu'il en change les conditions essentielles. Le saltimbanque a des muscles plus déliés que les autres hommes. En a-t-il d'autres ? en a-t-il plus ? sont-ils disposés différemment ? De bonne foi, si grand que l'on suppose le pouvoir de l'habitude, ce pouvoir peut-il aller jusqu'à la création ?

Je sais que l'on peut invoquer la théorie de l'unité de composition, et soutenir avec les partisans de Geoffroy Saint-Hilaire que tous les organes ne sont au fond qu'un seul et même organe diversement développé, que par conséquent l'exercice et l'habitude ont pu produire successivement, quoique lentement, ces diversités de

forme qui ne sont que des différences de développement. Mais la doctrine de l'unité organique poussée
jusque-là n'est-elle point elle-même une hypothèse? Les
grandes objections de Cuvier contre cette hypothèse
ont-elles été toutes écartées par la science moderne?
L'unité de type et de composition dans la série animale
ne serait-elle pas un idéal et un abstrait plutôt que
l'expression exacte et positive de la réalité? Et d'ailleurs
suffirait-il de montrer que deux organes différents sont
analogues l'un à l'autre, c'est-à-dire, suivant Geoffroy
Saint-Hilaire, situés à la même place et liés par les
mêmes rapports aux organes avoisinants, pour conclure
de là que l'un de ces organes a pu prendre la forme de
l'autre? Non, il faudrait voir cet organe passer lui-même
d'une forme à une autre. Autrement l'analogie ne prouve
pas la transition. Ainsi, par exemple, de ce que la trompe
de l'éléphant est l'analogue du nez humain, il ne s'ensuit pas que le nez puisse se changer en trompe, et la
trompe se changer en nez. Au reste, Geoffroy Saint-
Hilaire a pris soin de séparer lui-même son hypothèse
de celle de Lamarck, et il disait spirituellement qu'on
peut bien soutenir qu'un palais et une chaumière répondent à un même type fondamental, sans affirmer
pour cela que le palais ait commencé par être une chaumière, ni que la chaumière deviendra un palais.

Il est des cas où l'analogie est certaine et la transformation possible, mais où l'on comprend toutefois difficilement comment l'habitude aurait pu produire cette
transformation. C'est ainsi qu'il paraît démontré en
anatomie comparée, par les recherches de Gœthe et

d'Oken, que le crâne est l'analogue des vertèbres, qu'il est lui-même une vertèbre élargie et développée. Eh bien ! comment l'habitude a-t-elle pu opérer une pareille métamorphose et changer la vertèbre supérieure de la colonne vertébrale en une cavité capable de contenir l'encéphale ? Voici ce qu'il faudrait supposer : c'est qu'un animal qui n'aurait qu'une moelle épinière, à force de l'exercer, a réussi à produire cette expansion de matière nerveuse que nous appelons le cerveau ; qu'à mesure que cette partie supérieure s'élargissait, elle refoulait les parois d'abord molles qui la recouvrent jusqu'à ce qu'elle les eût forcées à prendre sa propre forme, celle de la boîte crânienne : mais que d'hypothèses dans cette hypothèse ! D'abord il faudrait imaginer des animaux qui eussent une moelle épinière sans cerveau, car si ces deux organes se montrent toujours ensemble, rien n'indique que l'un ait précédé l'autre, et il est tout aussi plausible de considérer la moelle épinière comme un prolongement du cerveau, que le cerveau comme un épanouissement de la moelle épinière. Ce qui semble l'indiquer, c'est qu'on trouve déjà l'analogue du cerveau même dans les animaux qui n'ont pas de moelle épinière, dans les mollusques et les articulés. Or, si le cerveau préexiste dans les animaux vertébrés, le crâne préexiste : il n'est donc pas le produit de l'habitude. Ajoutez qu'on comprend difficilement l'exercice et l'habitude se produisant sans cerveau ; ce sont des faits qui résultent de la volonté, et il semble bien que le cerveau soit l'organe de la volonté. Ajoutez enfin qu'il faudrait encore admettre que la matière osseuse eût d'abord été

cartilagineuse, afin de se prêter aux élargissements suc-
cessifs nécessités par le progrès du système nerveux,
ce qui impliquerait une remarquable accommodation
dans cette souplesse primitive de la matière osseuse,
sans laquelle le développement du système nerveux
eût été impossible. Je laisse aux zoologistes à décider
si toutes les hypothèses que nous venons de présenter
sont plausibles et concordent avec les faits.

Au reste il nous sera permis de nous appuyer ici sur
l'autorité de l'illustre Cuvier, qui juge dans les termes
les plus sévères l'hypothèse de Lamarck (1). « Des naturalistes, plus matériels dans leurs idées et ne se dou-
tant pas même des observations philosophiques dont
nous venons de parler, sont demeurés humbles secta-
teurs de Maillet (Telliamed); voyant que le plus ou
moins d'usage d'un membre en augmente ou en diminue quelquefois la force et le volume, ils se sont ima-
ginés que des habitudes et des influences extérieures
longtemps continuées ont pu changer par degrés les
formes des animaux au point de les faire arriver successivement à toutes celles que montrent maintenant
les différentes espèces : idée peut-être la plus superficielle et la plus vaine de toutes celles que nous avons
déjà eu à réfuter. On y considère en quelque sorte les
corps organisés comme une simple masse de pâte ou
d'argile qui se laisserait mouler entre les doigts. Aussi,
du moment où ces auteurs ont voulu entrer dans le détail, ils sont tombés dans le ridicule. Quiconque ose

---

(1) Cuvier, *Anatomie comparée*, t. I, leç. I, art. v.

avancer sérieusement qu'un poisson, à force de se tenir au sec, pourrait voir ses écailles se fendiller et se changer en plumes, et devenir lui-même un oiseau, ou qu'un quadrupède, à force de pénétrer dans des voies étroites, de se passer à la filière, pourrait se changer en serpent, ne fait autre chose que prouver la plus profonde ignorance de l'anatomie. »

Je n'insisterai pas plus longtemps d'ailleurs sur la théorie de Lamarck, l'insuffisance en étant démontrée par la théorie même que M. Darwin a essayé d'y substituer. Nous sommes autorisé à mettre en question la puissance modificatrice des milieux et des habitudes lorsque nous entendons ce naturaliste dire « qu'il n'a pas grande confiance en l'action de tels agents. » Quel est celui qu'il leur substitue ? C'est ce qu'il nous faut examiner.

Le fait qui a servi de point de départ au système de M. Darwin est un fait si prosaïque et si vulgaire, qu'un métaphysicien n'eût jamais daigné y jeter les yeux. Il faut pourtant que la métaphysique s'habitue à regarder, non pas seulement au-dessus de nos têtes, mais à nos côtés et à nos pieds. Eh quoi ! Platon n'admettait-il pas qu'il y a une idée divine même du fumier, même de la boue ? Ne dédaignons donc pas d'entrer avec M. Darwin dans les étables des éleveurs, de chercher avec lui les secrets de l'industrie bovine, chevaline, porcine, et, dans ces productions de l'art humain, de découvrir, s'il est possible, les artifices de la nature. Sans doute, lorsqu'il y a plusieurs années, une exposition universelle rassemblait à Paris les plus beaux échantillons de ces diverses industries, lorsque chaque année encore, dans les concours de départements, on voit décerner des prix aux plus beaux produits de l'élevage, qui eût cru, qui pourrait croire que dans ces expositions et ces concours la théodicée fût intéressée? Et cependant les faits de la nature se lient les uns aux autres par un lien si subtil et si continu, et les accidents les plus insignifiants en apparence sont tellement gouvernés par des raisons générales et permanentes, que rien ne peut être indifférent aux méditations du penseur, surtout des faits qui touchent de si près au mystère de la vie.

L'élève des bestiaux est une véritable industrie, et une industrie qui a des règles précises et rigoureuses, des méthodes suivies. La plus importante de ces méthodes est ce que l'on appelle la *méthode de sélection* ou *d'élection*. Voici en quoi elle consiste. Lorsqu'il veut obtenir l'amélioration d'une race dans un sens déterminé, l'éleveur choisira les individus les plus remarquables sous le rapport de la qualité qu'il recherche : si c'est la grosseur, les plus gros ; si c'est la taille, les plus grands ; si c'est la légèreté, les plus sveltes ; si c'est l'intelligence, les plus fins, les plus ingénieux, les plus habiles. Les produits qui résulteront de ce premier choix posséderont les qualités de leurs parents à un degré de plus, car on sait que les caractères individuels se transmettent et s'accumulent par l'hérédité. Si l'on opère sur ces produits comme on a fait sur les premiers individus, la qualité cherchée ira sans cesse en croissant, et au bout de plusieurs générations on aura obtenu ces belles races, toutes de création humaine, que se disputent les pays agricoles, et qui, par des croisements bien entendus, donnent lieu à d'autres races nouvelles, ou du moins à d'innombrables variétés.

Eh bien! ce que fait l'homme avec son art, pourquoi la nature ne le ferait-elle pas de son côté? Pourquoi ne pas admettre une sorte d'*élection naturelle* qui se serait opérée dans la suite des temps? Pourquoi ne pas admettre que certains caractères individuels, qui ont été primitivement le résultat de certains accidents, se sont transmis ensuite et accumulés par voie héréditaire, et que par ce moyen se seraient produites dans la même espèce des variétés très-différentes, comme nous en produisons nous-mêmes? Admettons maintenant, avec M. Darwin, un second principe sans lequel le premier ne pourrait produire tout ce qu'il contient: ce principe, c'est le principe de la *concurrence vitale*. Voici en quoi il consiste. Tous les êtres de la nature se disputent la nourriture; tous luttent pour vivre, pour subsister. Or il n'y a pour un certain nombre donné d'animaux qu'une certaine somme de subsistances; tous ne peuvent donc également se conserver. Dans cette lutte, les faibles succombent nécessairement, et la victoire est au plus fort. Les forts seuls survivent, et établissent le niveau entre la population et les subsistances. On reconnaît ici la célèbre loi de Mathus, qui a soulevé de si grands débats dans l'économie politique, et que M. Darwin transporte de l'homme à l'animalité tout entière.

Cette loi étant donnée, et elle est indubitable, voyons comment agit l'élection naturelle. Les individus d'une

espèce donnée qui auront acquis par accident un caractère plus ou moins avantageux à leur conservation, et
l'auront transmis à leurs descendants, seront mieux ar-
més dans la concurrence vitale ; ils auront plus de chances de se conserver, et quand ce caractère se sera perfectionné par le temps, il constituera pour cette variété
particulière une vraie supériorité dans son espèce. Imaginez maintenant quelque changement dans le milieu
ambiant qui fasse que cet avantage, qui n'avait pas encore beaucoup servi, devienne tout à coup très-néces-
saire, comme dans un refroidissement subit un poil plus
long, plus épais : ceux qui auront obtenu cet avantage
en profiteront et subsisteront, tandis que les autre périront. On voit que l'appropriation dans cette hypothèse
résultera d'une rencontre entre la production accidentelle d'un avantage perfectionné par l'hérédité et un
changement accidentel de milieu.

Voyons maintenant comment, à l'aide de ces principes, M. Darwin parvient à expliquer l'origine des espèces. C'est que, dans un même type donné, il peut se
produire accidentellement des avantages de diverse
nature, et qui ne se font pas concurrence : chacun pro-
fite du sien, sans nuire à celui qui en a un autre. De là
des variétés différentes, bien armées, quoique différemment, pour la concurrence vitale. Ceux au contraire qui
sont restés fidèles au type original, et qui n'ont acquis
aucun avantage nouveau propre à les conserver dans un
milieu nouveau, ceux-là périssent. C'est ainsi que le type
primitif disparaît ; les variétés extrêmes subsistent
seules, et ces variétés, devenant de plus en plus dissem-

blables par le temps, seront appelées espèces, parce que l'on aura perdu les traces de leur origine commune.

Appliquons cette théorie à un exemple peu flatteur pour l'espèce humaine, mais qui est tellement indiqué ici que ce serait un faux scrupule que de ne pas aller jusque-là. L'une des objections les plus ardentes que l'on ait faites à Darwin, c'est que si sa théorie est vraie, il faut admettre que l'homme a commencé par être un singe, ce qui est fort humiliant : à quoi un partisan de M. Darwin a répondu « qu'il aimait mieux être un singe perfectionné qu'un Adam dégénéré. » Or, dans la théorie de M. Darwin, il n'est pas vrai que l'homme descende du singe, car s'il en descendait, comme il a sur lui un grand avantage, il l'aurait vaincu dans la concurrence vitale, et par conséquent l'aurait absorbé et détruit. Ce qui est vrai, c'est que le singe et l'homme dérivent l'un et l'autre d'un même type qui s'est perdu, et dont ils sont les déviations divergentes. En un mot, dans cette hypothèse, les singes ne sont pas nos ancêtres, mais ils sont nos cousins germains.

Généralisons cet exemple. Il ne faut pas dire que les vertébrés ont été des mollusques, ni les mammifères des poissons ou des oiseaux ; mais les quatre embranchements seraient quatre rayonnements distincts partis d'une souche primitive. Dans chaque embranchement, le type primitif serait également diversifié, et c'est par ces déterminations successives, cette addition de différences, cette accumulation de caractères nouveaux dans des séries toujours divergentes, que les espèces actuelles se sont produites. En un mot, le règne orga-

nisé a toujours été du général au particulier, et, comme
l'on dirait en logique, en augmentant sans cesse le con-
tenu de sa compréhension.

Tel est, je crois, dans ses bases essentielles, et sans y
rien changer, le système de M. Darwin, système qu'il
défend avec des ressources d'esprit vraiment inépuisa-
bles, et surtout avec une admirable sincérité : car, à l'inverse des inventeurs du système qui n'exposent que les
faits favorables à leurs idées et taisent les faits contraires, M. Darwin consacre la moitié de son livre à exposer
les difficultés et les objections que son principe peut
soulever, et quelques-unes sont si formidables qu'il a
grand'peine à en atténuer la portée. A-t-il été cependant jusqu'à la difficulté capitale qui pèse sur tout le
système, et qui pour nous tient notre esprit en sus-
pens? C'est ce que nous ne croyons pas, et c'est ce que
nous essayerons d'établir.

Le véritable écueil, à notre avis, de la théorie de
M. Darwin, le point périlleux et glissant, c'est le passage de l'élection artificielle à l'élection naturelle: c'est
d'établir qu'une nature aveugle et sans dessein a pu
atteindre, par la rencontre des circonstances, le même
résultat qu'obtient l'homme par une industrie réfléchie
et calculée. Dans l'élection artificielle en effet, ne l'oublions pas, l'homme choisit les éléments de ses combinaisons; pour atteindre un but désiré, il choisit deux
facteurs doués déjà l'un et l'autre du caractère qu'il
veut obtenir ou perfectionner. S'il y avait quelque différence entre les deux facteurs, le produit serait incertain et mixte, ou bien, lors même que le caractère de

l'un des facteurs y prédominerait, il y serait toujours affaibli par le mélange avec un caractère contraire.

Pour que l'élection naturelle obtînt les mêmes résultats, c'est-à-dire l'accumulation et le perfectionnement d'un caractère quelconque, il faudrait que la nature fût capable de choix; il faudrait, pour tout dire, que le mâle doué de tel caractère s'unît précisément avec une femelle semblable à lui. Dans ce cas, je reconnais que le multiple de ces deux facteurs aurait la chance d'hériter de ce caractère commun et même d'y ajouter. Il faudrait encore que ce multiple ou produit cherchât dans son espèce un autre individu qui aurait aussi accidentellement atteint ce même caractère. De cette manière, par une suite de choix semblables, la nature pourrait faire ce que fait l'industrie humaine, car elle agirait exactement de même.

Mais qui ne voit que j'évoque une hypothèse impossible? Car comment admettre qu'un animal qui aura subi une modification accidentelle (une nuance de plus ou de moins dans la couleur par exemple) ira précisément découvrir dans son espèce un autre individu atteint en même temps de la même modification? Cette modification étant accidentelle et individuelle à l'origine, elle doit être rare, et par conséquent il y a très-peu de chances que deux individus se rencontrent et s'unissent; l'aveugle désir qui porte le mâle vers la femelle ne peut avoir une telle clairvoyance, et s'il l'avait, quel éclatant témoignage de finalité! Et en supposant, par impossible, qu'une telle rencontre ait lieu une fois, comment admettre qu'elle se renouvelle à la seconde génération,

puis à la troisième, à la quatrième, puis ainsi de suite?
Ce n'est qu'à cette condition d'une rencontre constante
entre deux facteurs semblables que la variété se pro-
duira. Autrement, déviant à chaque nouveau couple,
les modifications n'auront aucun caractère constant, et
le type de l'espèce restera seul identique. On triomphe
du peu de temps qu'il faut à l'industrie humaine pour
obtenir une variété nouvelle, et l'on dit : Que ne peut
faire la nature, qui a des siècles à sa disposition ! Il me
semble qu'ici le temps ne fait rien à l'affaire. Tout le
nœud est dans la multiplication de l'avantage cherché,
multiplication qui exige une pensée qui choisit.

On trouve dans l'espèce humaine elle-même des exemples de variétés produites par élection ; mais cela tient
à des unions constantes et suivies entre des sujets semblables. Ainsi le type israélite est bien reconnaissable et
persiste encore depuis des siècles, malgré les changements du milieu ; mais les Israélites se marient entre
eux et conservent de cette façon les traits distinctifs qui
les caractérisent. Supposez des mariages mixtes, supposez que, les préjugés disparaissant, les Israélites en
vinssent à se marier avec les autres parties de la population : combien de temps durerait le type israélite ? Il
serait bien vite absorbé et transformé. Il y a près de
Potsdam, nous a dit M. de Quatrefages (1), un village
particulièrement remarquable par la taille des habitants. A quoi tient cette particularité ? Elle vient, dit-
on, de ce que le père de Frédéric le Grand, qui aimait

(1) Voyez la *Revue* du 1er avril 1861.

les beaux hommes, choisissait les plus grandes paysan-
nes qu'il pût rencontrer pour les marier à ses grena-
diers. C'est bien là de l'élection artificielle, ne l'oublions
pas. C'est ainsi que Platon dans sa *République*, tout en
prescrivant de tirer au sort les époux, conseillait cependant aux magistrats de tricher un peu et de réunir
sans en avoir l'air les plus belles femmes aux plus
beaux hommes afin d'obtenir de vigoureux citoyens. On
voit, par tous ces exemples, que l'élection suppose toujours la rencontre d'un caractère commun dans les
deux sexes: c'est ce qui ne peut avoir lieu dans la nature, ce caractère tout accidentel étant d'abord très-
rare, et ceux qui le posséderaient en même temps
n'ayant aucune raison de se rencontrer et de se choisir.

Je sais que Darwin distingue deux sortes d'élection
artificielle : l'une qu'il appelle méthodique, l'autre inconsciente. L'élection méthodique est celle de l'éleveur
qui combine ses éléments, comme en mécanique on
combine les rouages d'une machine. L'élection inconsciente est celle par laquelle on obtient l'amélioration
ou la modification d'une espèce sans avoir précisément
cherché ce résultat, comme celle d'un chasseur, par
exemple, qui n'a nulle prétention de perfectionner la
race canine, mais qui, par goût, est amené à choisir les
meilleurs chiens qu'il puisse se procurer, et obtient
par la force des choses une accumulation de qualités
dans cette race. C'est ainsi vraisemblablement que se
sont formées les diverses variétés canines. Il n'y a pas
là une méthode systématique, et cependant le résultat
est le même, quoique plus lent. Il en est de même dans

la nature, d'après M. Darwin. Elle pratique une élection inconsciente, et l'agent qui remplace ici le choix, c'est la concurrence vitale. Les mieux avantagés l'emportent nécessairement par le droit du plus fort, et la nature se trouve avoir ainsi choisi spontanément et sans le savoir les sujets les mieux doués pour résister aux atteintes du milieu, en un mot les mieux appropriés.

Nous voici au cœur du système. Pour le bien apprécier, distinguons deux cas différents : ou bien le milieu ambiant ne change pas, ou bien il change. Qu'arrivera-t-il dans ces deux hypothèses ? Il faut remarquer ici une grande différence entre la doctrine de Lamarck et celle de Darwin. Suivant le premier, tant que le milieu ne change pas, l'espèce doit rester immobile, une fois appropriée par l'habitude à ce milieu : ayant en effet ce qu'il lui faut pour vivre, on ne voit pas pourquoi elle ferait effort pour changer. Mais si le changement a pour cause l'élection naturelle, il doit pouvoir se produire même dans un milieu immobile, car, si bien appropriée que soit une espèce, on conçoit toutefois qu'elle le soit davantage : il peut toujours se produire quelques accidents qui assureraient à certains individus un avantage sur d'autres, et leur ouvrirait en quelque sorte un débouché plus grand. Et ainsi on ne voit pas pourquoi dans cette hypothèse les espèces ne varieraient point sous nos yeux. Il ne faudrait même pas pour cela, à ce qu'il semble, des temps infinis, quand on songe avec quelle rapidité l'industrie humaine crée des variétés nouvelles.

Pourquoi donc ne voit-on pas de telles modifications

se produire? C'est que le principe de l'élection naturelle, même uni au principe de la concurrence vitale,
ne peut pas, à ce qu'il semble, avoir la vertu que lui attribue M. Darwin. Supposons en effet, que, dans les
pays chauds, la couleur soit un avantage qui rende les
habitants plus aptes à supporter l'ardeur du climat;
supposez que dans l'un de ces pays il n'y ait que des
blancs, et qu'à un moment donné un individu se trouve
accidentellement coloré en noir, celui-là aura un avantage sur ses compatriotes : il vivra, si vous voulez, plus
longtemps. Mais le voilà qui se marie. Qui pourra-t-il
épouser ? Une blanche sans contredit, la couleur noire
étant accidentelle. L'enfant qui résultera de cette union
sera-t-il noir? Non sans doute, mais mulâtre ; l'enfant
de celui-ci sera d'un teint encore moins foncé, et en
quelques générations la teinte accidentelle du premier
aura disparu et se sera fondue dans les caractères généraux de l'espèce. Ainsi, en admettant même que la
couleur noire eût été un avantage, elle n'aurait jamais
le temps de se perpétuer assez pour former une variété
nouvelle plus appropriée au climat, et qui par là même
l'emporterait sur les blancs dans la concurrence vitale.

Si l'on avait des doutes sur la valeur de l'argument
que je propose ici contre la portée du principe de
M. Darwin, j'invoquerais l'autorité d'un autre naturaliste, M. de Quatrefages, très-favorable cependant à ce
principe. Il cite plusieurs individus de l'espèce humaine qui se sont trouvés doués accidentellement de
caractères exceptionnels, et il veut expliquer pourquoi ces individus n'ont pas donné naissance à des

variétés nouvelles. « Aucun Lambert, dit ce naturaliste, aucun Colburn (ce sont les noms de ces individus anormaux) ne s'est allié avec un autre individu présentant la même anomalie que lui. La sélection tendait ici à effacer l'activité surabondante et tératologique de la peau, le nombre exagéré des doigts. A chaque génération, l'influence du fait anormal primitif diminuait forcément par le mélange du sang normal : elle a dû finir par disparaître promptement. » Plus loin, il explique, par l'absence de sélection artificielle, l'uniformité relative des groupes humains, comparés aux animaux domestiques. Ne suit-il pas de là que la sélection naturelle est insuffisante pour faire varier les espèces, par cette raison capitale sur laquelle j'ai tant insisté, à savoir, que les divers individus des deux sexes accidentellement atteints du même caractère ne pourront pas se rencontrer ?

Ce n'est pas que je conteste le principe de l'élection naturelle et le principe de la concurrence vitale. Ce sont deux lois très-vraies, mais qui me paraissent devoir agir dans un sens tout différent de celui qu'on nous annonce, et beaucoup plus dans le sens de la conservation de l'espèce que dans le sens de la modification. En effet, le genre de vie d'un animal dépendant toujours de sa structure (que l'on admette les causes finales ou non), il est évident que, dans une espèce, les mieux avantagés sont ceux dont l'organisation est la plus conforme au type de l'espèce. Dans les carnivores, par exemple, celui-là aura l'avantage qui aura de bonnes griffes, de fortes dents, des muscles souples et vigoureux. Que si vous supposez une modification interve-

nant, qui pourrait être ultérieurement un avantage dans
d'autres conditions, elle sera néanmoins à son origine
un inconvénient en altérant le type de l'espèce, en ren-
dant par là l'individu moins propre au genre de vie
auquel l'appelle son organisation générale. Supposez
que dans un animal herbivore les dents à couronnes
plates, si propres à broyer des herbes molles, soient
accidentellement remplacées dans quelques individus
par des dents tranchantes. Quoique la dent tranchante
soit en réalité un avantage pour les espèces qui en
jouissent, puisqu'elle leur permet de joindre deux espèces de nourriture, ce serait néanmoins pour l'animal
chez lequel elle se rencontrerait par accident un très-
grand désavantage, car il serait par là moins propre à
trouver sa nourriture habituelle, et rien en lui ne serait
préparé pour s'accommoder à une autre espèce de
nourriture. Je conclus que l'élection naturelle doit avoir
pour effet, dans un milieu toujours le même, de maintenir le type de l'espèce et de l'empêcher de s'altérer :
je n'y puis voir, si ce n'est accidentellement, un principe de modification et de changement.

En est-il ainsi lorsque le milieu lui-même est changé,
lorsque par des causes quelconques les conditions extérieures viennent à varier ? C'est alors, suivant Darwin,
que le principe de l'élection naturelle agit d'une manière toute-puissante. Si en effet, au moment de ce
changement de milieu, quelques individus d'une espèce
se trouvent avoir précisément certains caractères qui
les rendent propres à s'accommoder à ce milieu, n'est-
il pas évident que ceux-là auront un grand avantage sur

les autres, et qu'ils survivront seuls, tandis que ceux-ci
périront ? L'élection naturelle agissant, un caractère in·
dividuel à l'origine pourra donc devenir un caractère
spécifique.

C'est ici évidemment que l'hypothèse de M. Darwin
se présente avec le plus d'avantage ; mais elle est encore
sujette à de bien grandes difficultés. Et d'abord il faut
admettre que la modification en question s'est rencon-
trée en même temps dans les mêmes lieux entre plusieurs individus de sexe différent. En effet, comme nous
l'avons montré, si elle n'est pas à la fois dans les deux
sexes, cette qualité, bien loin de s'accumuler et de se
déterminer davantage par l'hérédité, irait sans cesse en
s'affaiblissant, et nulle espèce nouvelle ne pourrait se
former. Voici donc déjà une première rencontre, une
première coïncidence qu'il faut admettre. En second
lieu, il faut supposer que chaque espèce animale a eu
pour origine la rencontre d'une modification accidentelle avec un changement de milieu, ce qui multiplie à
l'infini le nombre des coïncidences et des accidents.
Dans cette hypothèse, tandis qu'une certaine série de
causes faisait varier suivant des lois particulières les
formes organiques, une autre série de causes, suivant
d'autres lois, faisait varier les milieux. L'appropriation
dans les animaux n'est autre chose que le point de rencontre entre ces deux séries. Or, comme les formes appropriées dans l'organisme se comptent par milliards,
·ou plutôt ne se comptent pas, il faut admettre que ces
deux séries de causes parallèles se sont rencontrées
d'accord un milliard de fois, ou plutôt un nombre in-

fini de fois, c'est-à-dire qu'il faut livrer au fortuit, pour ne pas dire au hasard, la plus grande part dans le développement et le progrès de l'échelle animale. Est-ce là une explication vraiment rationnelle?

Voici enfin une difficulté qui paraît des plus graves. Cuvier a beaucoup insisté, dans sa philosophie zoologique, sur la loi qu'il appelle loi des corrélations organiques. Selon cette loi, les organes sont liés entre eux par des rapports logiques, et la forme de chacun est déterminée par la forme des autres. Il s'ensuit que certaines rencontres d'organes sont impossibles, que d'autres sont nécessaires. On n'ignore pas que c'est au moyen de cette loi que Cuvier a fondé la paléontologie, un os ou même un débris d'os lui donnant à priori dans un animal fossile tous ceux qui manquaient. Il résulte de là que si un organe capital subit une modification importante, il est nécessaire, pour que l'équilibre subsiste, que tous les autres organes essentiels soient modifiés de la même manière. Autrement un changement tout local, si avantageux qu'il puisse être en soi, deviendra nuisible par son désaccord avec le reste de l'organisation. Que si, par exemple, comme le croyait Lamarck, les écailles des poissons avaient pu se transformer en ailes d'oiseau (ce que Cuvier déclarait absurde au point de vue de l'anatomie), il faudrait en même temps que dans ces mêmes poissons la vessie natatoire se fût transformée en poumon, ce qui paraît à M. Darwin l'exemple le plus frappant de sa théorie. Eh bien! sans examiner la vérité intrinsèque des faits, je dis que ces deux transformations corrélatives et parallèles ne

peuvent s'appliquer par un simple accident. M. Darwin
semble avoir voulu prévenir cette objection en admettant ce qu'il appelle une corrélation de croissance. Il
reconnaît qu'il y a des variations connexes et sympa-
thiques, qu'il y a des organes qui varient en même temps
et de la même manière : — le côté droit et le côté gauche du corps, les membres antérieurs et postérieurs,
les membres et la mâchoire ; mais cette loi laisse subsister la difficulté. De deux choses l'une : ou c'est là
une loi toute mécanique, qui n'indique que de simples
rapports géométriques entre les organes et n'a aucun
rapport avec la conservation de l'animal, et dès lors
elle ne sert pas à résoudre le problème que j'ai posé ;
ou bien ces corrélations de croissance sont précisément
celles qu'exigerait le changement de milieu ou de conditions extérieures, et dès lors comment les comprendre sans une certaine finalité ? Par quelle singulière loi,
des organes qui ne peuvent agir que d'accord se modi-
fieraient-ils en même temps et de la même façon, sans
qu'il y eût là quelque prévision de la nature ? Ici encore la simple rencontre ne peut tout expliquer.

Jusqu'ici nous nous sommes contenté de présenter
quelques considérations générales et abstraites sur la
possibilité du système que nous discutons, laissant aux
naturalistes le soin d'examiner si les faits concordent
avec cette hypothèse. Nous essayerons cependant, pour
donner un peu plus de précision à notre critique, de
l'appliquer à quelques cas particuliers. Nous choisirons
pour exemple la théorie de M. Darwin sur la formation

de l'œil dans les animaux supérieurs, et sa théorie sur la formation des instincts. Dans ces deux cas, l'hypothèse paraît insuffisante pour expliquer les faits que l'observation nous présente.

Il s'agit pour M. Darwin d'expliquer par l'élection naturelle, c'est-à-dire par une succession de modifications accidentelles, la formation de l'œil, c'est-à-dire du plus parfait des appareils d'optique. Lui-même, nous l'avons dit déjà, en est effrayé. « Au premier abord, dit-il, il semble, je l'avoue, de la dernière absurdité de supposer que l'œil, si admirablement construit pour admettre plus ou moins de lumière, pour ajuster le foyer des rayons visuels à différentes distances, pour en corriger l'aberration sphérique et chromatique, puisse s'être formé par élection naturelle... La raison dans cette circonstance doit dominer l'imagination ; mais j'ai moi-même éprouvé trop vivement combien cela lui est malaisé d'y parvenir, pour être le moins du monde surpris qu'on hésite à étendre jusqu'à des conséquences aussi étonnantes le principe de l'élection naturelle.»

Essayons donc, à l'exemple de M. Darwin, de dominer notre imagination, et suivons-le dans l'explication qu'il nous donne de la formation de l'œil humain. Le fait sur lequel il s'appuie est la gradation des formes de l'œil dans l'échelle du règne animal. Ce n'est pas immédiatement et sans aucun passage que la nature atteint à la perfection dans la structure de l'organe visuel ; c'est par une série de degrés dont chacun peut être un perfectionnement du degré antérieur. Supposez d'abord un simple nerf optique sensible à la lumière :

c'est là un point de départ que l'on peut accorder sans faire appel à aucune cause finale. En effet, que les innombrables combinaisons de la matière organique à un moment donné rendent un organe sensible à la lumière, comme on rend la plaque du daguerréotype sensible à l'action chimique des rayons lumineux, c'est ce qui peut certainement résulter de la rencontre des causes. Or, ce point accordé, on peut admettre que le nerf doué de cette propriété merveilleuse subisse dans des circonstances diverses un nombre infini de modifications, dont les unes sont utiles, les autres indifférentes ou même nuisibles à l'animal. Celles qui sont désavantageuses doivent à la longue constituer une infériorité pour les espèces où elles se fixent, et réciproquement celles qui sont avantageuses procurent une supériorité manifeste aux espèces qui en sont douées. Les premières tendent à amener la destruction des espèces moins favorisées ; les secondes sont au contraire une cause de durée et de persistance. Il suit de là que les premières doivent disparaître et les secondes se perfectionner indéfiniment. Par conséquent un très-grand nombre de degrés de transition dans la structure des yeux a dû déjà disparaître sans laisser de traces, et cependant il en reste encore un très-grand nombre, comme on peut le voir par les traités des physiologistes, et surtout de Müller, qui a très-profondément étudié cette question. En suivant cette série de degrés, on peut s'élever depuis les yeux les plus simples et les plus imparfaits jusqu'aux plus compliqués. Pourquoi n'admettrait-on pas que telle est la marche qu'a suivie également la nature ?

Il faut reconnaître en effet qu'il y a dans le règne animal une très-grande diversité dans la structure des yeux ; Müller en distingue principalement trois classes. Dans la première, il place les yeux simples ou points oculaires, qui consistent simplement en une sorte de bulbe nerveux sans aucun appareil optique, et qui ne servent, suivant toute apparence, qu'à distinguer le jour de la nuit. Puis il indique deux systèmes différents, qui ont cela de commun toutefois d'être l'un et l'autre des appareils d'optique propres à la perception des images, mais qui sont fondés sur des principes distincts. Le premier est celui des yeux composés, à facettes ou à mosaïque, et qui existent principalement chez les insectes et les crustacés ; le second est celui des yeux à lentilles, que l'on rencontre chez les animaux supérieurs et même chez quelques animaux inférieurs. Le premier de ces deux systèmes consiste, suivant Müller, à placer devant la rétine, et perpendiculairement à elle, une quantité innombrable de cônes transparents, qui ne laissent parvenir à la membrane nerveuse la lumière que dans le sens de leur axe, et absorbent au moyen du pigment noir, dont les parois sont revêtues, toute lumière qui vient les frapper obliquement. Quant au second système, il consiste à remplacer ces cônes par des lentilles appelées cristallins, qui, plongées dans des milieux humides, ont la propriété, ainsi que ces milieux, de faire converger les rayons lumineux et de les concentrer sur la rétine. Ces deux systèmes présentent donc, l'un des appareils isolateurs, l'autre des appareils conver-

gents, mais tous parfaitement conformes aux lois de
l'optique.

Ces faits une fois établis, quelle conclusion en doit-
on tirer? Il faut observer d'abord que le fait de la gradation dans les formes organiques, — fait sur lequel
M. Darwin insiste beaucoup, — n'a rien de contraire
au principe de la finalité. En supposant une intelligence créatrice ou ordonnatrice, quelle loi plus naturelle et plus sage que celle du progrès insensible et
continu? L'idée même d'un progrès semble indiquer
l'idée préconçue ou tout au moins le pressentiment
instinctif de la perfection. Dire que le perfectionnement
résulte de la complication progressive des phénomènes, c'est confondre la perfection et la complexité, qui
sont deux notions très-différentes. Au contraire il
semble qu'à mesure que les phénomènes s'enchevêtrent
de plus en plus les uns dans les autres, il devient plus
difficile d'obtenir un effet méthodique et régulier. Dans
le jeu des *honchets*, jetez trois pièces sur une table : il
n'est pas impossible qu'elles s'arrangent en tombant
pour former un triangle ; mais, si vous en jetez cent, il
y a des milliards de chances contre une que vous ne
rencontrerez pas une forme régulière. Si donc vous
supposez l'œil se formant par une addition infinie de
phénomènes, il y a infiniment plus de chances pour
qu'il soit altéré ou détruit que perfectionné.

Mais de plus il s'en faut de beaucoup que la gradation soit absolue. Entre les deux systèmes supérieurs,
le système isolateur et le système convergent, on voit
bien qu'il peut y avoir à la rigueur transition et pas-

sage. M. Darwin cite en effet des cas où cette transition
a lieu et où les cônes du premier système prennent la
forme lenticulaire qui caractérise le second; mais le
point vraiment important, c'est le passage du premier
système aux deux autres: or c'est là que ni lui ni Müller
ne nous donnent aucun exemple de transition. Comment s'élever des points oculaires, simples renflements
nerveux, sensibles à la lumière, aux appareils optiques,
soit coniques, soit lenticulaires, qui, affectant des formes géométriques, deviennent propres à la perception
des images? Müller ne cite en ce genre que deux ou
trois faits d'une signification très-douteuse et très-mal
définie. Faute de faits, M. Darwin y supplée par une
hypothèse. « Il faut *nous représenter*, dit-il, un nerf sensible à la lumière derrière une épaisse couche de tissus
transparents renfermant des espaces pleins de liquide;
puis nous *supposerons* que chaque partie de cette couche
transparente change continuellement et lentement de
densité, de manière à se séparer en couches partielles
distinctes par la densité et l'épaisseur, à différentes distances les unes des autres, et dont les surfaces changent lentement de formes. » Que de suppositions et que
de rencontres il faut admettre ici! Mais, en accordant
même ces transformations, il faudrait remarquer que
l'on ne passerait ainsi que du premier système au troisième, c'est-à-dire des yeux simples aux yeux à lentilles. Or entre les deux systèmes se trouve, pour la plupart des animaux non vertébrés, le système mixte des
yeux à facettes ou à mosaïque, propre aux insectes et
au plus grand nombre des crustacés; l'hypothèse de

M. Darwin ne peut en aucune façon rendre compte de
la structure de ce troisième système. Car comment le
changement lent et insensible de la densité des milieux
et le changement de forme de leur surface pourraient-
ils amener la production des cônes transparents à parois obscures? Cette combinaison, tout aussi savante
que celle des yeux à lentille, demande elle-même une
hypothèse pour être expliquée.

Remarquez d'ailleurs que, dans ces deux grands systèmes qui se fondent l'un dans l'autre par des transi-
tions insensibles, il y a toujours appareil optique, et par
conséquent accomplissement d'un plan et d'un dessein. Ce qu'il faudrait démontrer pour que la thèse contraire fût prouvée, c'est que parmi ces appareils il y en
a un grand nombre construits confrairement aux lois
de l'optique, c'est-à-dire qui auraient rencontré accidentellement des formes géométriques inutiles ou nuisibles à la vision. Il faudrait montrer des cônes transparents sans parois obscures, qui par conséquent n'auraient pas la fonction que Müller leur assigne, et qui,
tout compliqués qu'ils seraient, ne rendraient pas plus
de services que de simples points oculaires. Il faudrait
nous montrer des yeux à cristallins concaves, et non
convexes, qui écarteraient les rayons lumineux au lieu
de les condenser, des milieux dont la densité serait inférieure à celui de l'élément où l'animal est plongé.
Telles sont les contradictions qu'il faudrait nous présenter, et en grand nombre, pour rendre plausible la
formation des yeux par une succession insensible de
modifications accidentelles. Il est évident que si les

yeux n'ont pas été faits pour voir, un très-grand nombre
de modifications ont dû se produire qui n'avaient aucun
rapport avec la fonction de la vision. Dire que toutes
ont disparu est une réponse trop commode, car il est
vraiment étrange que, tant de formes ayant existé, il ne
reste plus pour nous que celles qui sont appropriées à
la fonction. Dire que ces modifications, étant désavantageuses, ont amené l'extinction des espèces qui les
possédaient, c'est exagérer beaucoup, à ce.qu'il semble,
l'importance de tel degré de vision. Puisque nous
voyons que beaucoup d'animaux peuvent vivre avec de
simples points oculaires, sans appareils optiques, on ne
comprend pas pourquoi ils ne vivraient pas avec des
appareils inutiles ou mal construits. Ce désavantage
dans la vision pourrait, en beaucoup de cas, être com-
pensé par la supériorité dans d'autres organes, et n'être
pas nécessairement une cause de destruction. Ce sont
donc là les faits qu'il faudrait citer pour prouver que
l'œil a été formé par des causes purement physiques,
sans nulle prévision : car on aura beau citer d'innombrables espèces d'yeux ; si ce sont toujours des yeux,
c'est-à-dire des organes servant à voir, le principe des
causes finales reste intact.

Je passe à la question de l'instinct. On sait quelle était
sur ce point la théorie de Lamarck. L'instinct, selon lui,
est une habitude héréditaire. M. Darwin adopte cette
théorie en la modifiant par le principe de l'élection naturelle; il fait remarquer que l'on peut dire des instincts
la même chose que des organes. Toute modification
dans les habitudes d'une espèce peut être avantageuse,

tout aussi bien qu'une modification d'organes. Or, quand une modification instinctive se sera produite dans une espèce, elle tendra à se perpétuer, et, si elle est avantageuse, elle assurera à ceux qui en sont doués la prépondérance sur les autres variétés de l'espèce, de manière à détruire toutes les variétés intermédiaires. A la vérité, on ne peut pas prouver par l'observation directe que les instincts se soient modifiés ; mais quelques observations indirectes semblent autoriser cette supposition : ce sont, par exemple, les gradations d'instincts. Ainsi la fabrication du miel par les abeilles nous présente trois types distincts, mais reliés l'un à l'autre par des gradations insensibles : d'abord les bourdons, qui font leur miel et leur cire dans le creux des arbres, puis nos abeilles domestiques, qui ont résolu, dans la construction des cellules, un problème de mathématiques transcendantes, enfin les abeilles d'Amérique, espèce moyenne, inférieure à nos abeilles et supérieure aux bourdons. Ne peut-on voir là la trace et l'indication d'un développement d'instinct qui, parti du plus bas degré, serait arrivé peu à peu au point où nous le voyons aujourd'hui ? Ce qui autorise cette conjecture, c'est qu'en contrariant l'industrie des abeilles, en la plaçant dans des conditions défavorables ou nouvelles, on a réussi à faire varier leurs habitudes et à les faire changer de procédés. Beaucoup d'expériences faites dans cette direction pourraient jeter un grand jour sur cette obscure question.

Je n'hésite point à reconnaître que la théorie qui explique l'instinct par l'habitude héréditaire ne doit pas être rejetée sans un examen approfondi ; mais il y a là encore de bien sérieuses difficultés. D'abord les variations d'instinct qu'on pourrait observer dans certaines circonstances particulières ne prouveraient pas nécessairement contre l'hypothèse d'un instinct primitif propre à chaque espèce, car, même dans cette hypothèse, la nature ayant attaché à l'animal un instinct pour le préserver, a pu vouloir, toujours prévoyante, que cet instinct ne fût pas précisément à court dès que le moindre changement aurait lieu dans les circonstances extérieures. Un certain degré de flexibilité dans l'instinct se concilie très-bien avec la doctrine d'un instinct irréductible. Par exemple, la nature, ayant donné à l'oiseau l'instinct de construire son nid avec certains matérianx, n'a pas dû vouloir que, si ces matériaux venaient à manquer, l'oiseau ne fît pas de nid. Comme nos habitudes, si mécaniques qu'elles soient, se modifient cependant automatiquement pour peu que telle circonstance externe vienne les contrarier, il pourrait en être ainsi des instincts ou habitudes naturelles imprimées dès l'origine dans l'organisation même de chaque espèce par l'auteur prévoyant de toutes choses.

J'élèverai d'ailleurs une grave objection contre l'application du principe de l'élection naturelle à la formation des instincts. Suivant M. Darwin, la modification de l'instinct, qui a d'abord été accidentelle, s'est transmise ensuite et s'est fixée par l'hérédité ; mais qu'est-ce qu'une modification accidentelle d'instinct ? C'est une action fortuite. Or une action fortuite peut-elle se transmettre héréditairement ? Remarquez la différence qu'il

y a entre une modification d'organe et une modification
d'instinct. La première, si légère, si superficielle qu'elle
soit, fût-ce la couleur d'un plumage, est permanente et
dure toute la vie : elle s'imprime d'une manière durable
à l'organisation, et l'on conçoit qu'elle se transmette
par l'hérédité ; mais un instinct n'est autre chose qu'une
série d'actes donnés. Une modification d'instinct est
donc une action particulière, qui vient fortuitement
s'intercaler dans cette série. Comment croire que cette
action, fût-elle répétée par hasard plusieurs fois dans
la vie, pût se reproduire dans la série des actions des
descendants ? Nous voyons les pères transmettre à leurs
fils des habitudes toutes faites (encore faut-il faire la
part de l'imitation et de la similitude des milieux) ;
mais nous ne voyons pas que le fils reproduise les actions accidentelles du père. Que de faits ne faudrait-il
pas citer pour rendre croyable une transmission héréditaire aussi étrange !

Si l'on doutait que M. Darwin fît une part aussi
grande au hasard dans l'origine des instincts, je rappel-
lerais l'exemple qu'il cite lui-même, à savoir l'instinct
du coucou. On sait que la femelle de cet oiseau pond
ses œufs dans un autre nid que le sien. Cet instinct, qui
est propre au coucou d'Europe, n'a pas lieu chez le
coucou d'Amérique. M. Darwin conjecture que le coucou d'Europe a pu avoir autrefois les mêmes mœurs
que le coucou américain. « Supposons, dit-il, qu'il lui
soit arrivé, quoique rarement, de pondre ses œufs dans
le nid d'autres oiseaux. Si la couveuse ou ses petits ont
tiré quelque avantage de cette circonstance, si le jeune

oisillon est devenu plus vigoureux en profitant des mé-
prises de l'instinct chez une mère adoptive, on conçoit
qu'un fait accidentel soit devenu une habitude avantageuse à l'espèce, car toute analogie nous sollicite à
croire que les jeunes oiseaux ainsi couvés auront hérité
plus ou moins de la déviation d'instinct qui a porté
leur mère à les abandonner. Ils seront devenus de plus
en plus enclins à déposer leurs œufs dans le nid d'autres oiseaux. » Voilà bien ici une action accidentelle et
fortuite considérée comme transmissible héréditairement. Je demanderai aux zoologistes s'ils accordent que
le pouvoir de l'hérédité puisse aller jusque-là.

Il faudrait recueillir et discuter un grand nombre de
faits pour apprécier à sa vraie mesure la théorie des
habitudes héréditaires. Je n'en citerai qu'un, qui me
paraît absolument réfractaire à toute théorie de ce
genre : c'est l'instinct des *nécrophores*. Ces animaux ont
l'habitude, quand ils ont pondu leurs œufs, d'aller chercher des cadavres d'animaux pour les placer à côté de
ces œufs, afin que leurs petits, aussitôt éclos, trouvent
immédiatement leur nourriture ; quelques-uns même
pondent leurs œufs dans ces cadavres eux-mêmes.
Or ce qu'il y a ici d'incompréhensible, c'est que les
mères qui ont cet instinct ne verront jamais leurs petits et n'ont pas vu elles-mêmes leurs mères ; elles ne
peuvent donc savoir que ces œufs deviendront des animaux semblables à elles-mêmes, ni prévoir par conséquent leurs besoins. Chez d'autres insectes, les *pom-
piles*, l'instinct est plus remarquable encore : dans cette
espèce, les mères ont un genre de vie profondément

différent de leurs petits, car elles-mêmes sont herbivores, et leurs larves sont carnivores. Elles ne peuvent
donc point, par leur propre exemple, présumer ce qui
conviendra à leurs enfants. Recourra-t-on ici à l'habitude héréditaire? Mais il a fallu que cet instinct fût parfait dès l'origine, et il n'est pas susceptible de degrés;
une espèce qui n'aurait pas eu cet instinct précisément
tel qu'il est n'aurait pas subsisté, puisque les petits
étant carnivores, il leur faut absolument une nourriture
animale toute prête quand ils viendront au monde. Si
l'on disait que les larves ont été originairement herbivores, et que c'est par hasard et sans but que la mère,
attirée peut-être par un goût particulier, est allée pondre ses œufs dans des cadavres, que les petits, naissant
dans ce milieu, s'y sont peu à peu habitués et d'herbivores sont devenus carnivores, puis que la mère elle-
même s'est déshabituée de pondre dans des cadavres,
mais que, par un reste d'association d'idées, elle a con-
tinué à aller chercher de ces cadavres, devenus inutiles
pour elle, et à les placer auprès de ses propres œufs, et
tout cela sans but, — on multiplie d'une manière si ef-
froyable le nombre des accidents heureux qui ont pu
amener un tel résultat, que l'on ferait beaucoup mieux,
ce semble, de dire que l'on n'y comprend rien.

Terminons par une observation générale. Malgré les
objections nombreuses que nous avons élevées contre
la théorie de M. Darwin, nous ne prenons pas directement parti contre cette théorie, dont les zoologistes sont
les vrais juges. Nous ne sommes ni pour ni contre la
transmutation des espèces, ni pour ni contre le prin-

cipe de l'élection naturelle. La seule conclusion positive de notre discussion est celle-ci : aucun principe
jusqu'ici, ni l'action des milieux, ni l'habitude, ni l'élection naturelle, ne peut expliquer les appropriations organiques sans l'intervention du principe de finalité.
L'élection naturelle non guidée, soumise aux lois d'un
pur mécanisme et exclusivement déterminée par des
accidents, me paraît, sous un autre nom, le *hasard* d'Épicure, aussi stérile, aussi incompréhensible que lui ; mais
l'élection naturelle, guidée à l'avance par une volonté
prévoyante, dirigée vers un but précis par des lois inten-
tionnelles, pourrait bien être le moyen que la nature a
choisi pour passer d'un degré de l'être à un autre, d'une
forme à une autre, pour perfectionner la vie dans l'univers, et s'élever par un progrès continu de la monade à
l'humanité. Or, je le demande à M. Darwin lui-même,
quel intérêt a-t-il à soutenir que l'élection naturelle
n'est pas guidée, n'est pas dirigée? Quel intérêt a-t-il à
remplacer toute cause finale par des causes accidentelles? On ne le voit pas. Qu'il admette que, dans l'élection naturelle aussi bien que dans l'élection artificielle,
il peut y avoir un choix et une direction, et son principe devient aussitôt bien autrement fécond. Son hypothèse, tout en conservant l'avantage de dispenser la
science d'avoir recours pour chaque création d'espèces
à l'intervention personnelle et miraculeuse de Dieu,
n'aurait pas cependant le danger d'écarter de l'univers
toute pensée prévoyante, et de tout soumettre à une
aveugle et brutale fatalité (1).

(1) Il n'y a nulle contradiction à admettre, concurremment avec

Deux conceptions profondément différentes du monde et de la nature sont aujourd'hui en présence. Dans l'une, le monde n'est qu'une série descendante de causes et d'effets : quelque chose existe d'abord de toute éternité avec certaines propriétés primitives. De ces propriétés résultent certains phénomènes ; de ces phénomènes combinés résultent des phénomènes nouveaux qui donnent naissance à leur tour à d'autres phénomènes, et ainsi à l'infini. Ce sont des cascades et des ricochets non prévus qui amènent, grâce au concours d'un temps sans limites, le monde que nous voyons. Dans l'autre, le monde est comme un être organisé et vivant qui se développe conformément à une idée, et qui, de degré en degré, s'élève à l'accomplissement d'un idéal éternellement inaccessible dans sa perfection absolue. Chacun des degrés est amené non-seulement par celui qui le précède, mais encore par

---

le principe d'élection naturelle, un principe de finalité. Un botaniste distingué, M. Naudin (récemment appelé à l'Institut), qui avant même M. Darwin a comparé l'action plastique de la nature dans la formation des espèces végétales à l'élection systématique de l'homme, reconnaît que l'élection naturelle est insuffisante sans le principe de finalité. « Puissance mystérieuse, dit-il, indéterminée, fatalité pour les uns, pour les autres volonté providentielle, dont l'action incessante sur les êtres vivants détermine à toutes les époques de l'existence du monde la forme, le volume et la durée de chacun d'eux en raison de sa destinée dans l'ordre de choses dont il fait partie ! C'est cette puissance qui harmonise chaque membre à l'ensemble en l'appropriant à la fonction qu'il doit remplir dans l'organisme général de la nature, fonction qui est pour lui sa raison d'être. »

celui qui le suit ; il est en quelque sorte déterminé à l'avance par l'effet même qu'il doit atteindre. C'est ainsi que nous voyons la nature s'élever de la matière brute à la vie, et de la vie au sentiment et à la pensée. Dans cette hypothèse, la nature n'est plus une sorte de jeu où, toutes choses tombant au hasard, il se produit un effet quelconque : elle a un plan, une raison, une pensée. Elle n'est pas une sorte de proverbe improvisé, où chacun parlant de son côté, il en résulterait une apparente conversation ; elle est un poëme, un drame savamment conduit, et où tous les fils de l'action, si compliqués qu'ils soient, se lient cependant vers un but déterminé. C'est une série ascendante de moyens et de fins.

Comment ces deux séries peuvent-elles se concilier et s'unir ? Comment la liaison des causes et des effets peut-elle devenir une liaison de moyens et de fins ? Comment le mécanisme de la nature peut-il réaliser la loi idéale qu'exige l'esprit ? Comment enfin peut-il à la fois descendre et remonter en quelque sorte, descendre de cause en cause et en même temps remonter de fin en fin ? La seule solution de cette redoutable antinomie, c'est qu'une pensée première a choisi et a dirigé ; c'est qu'entre ces directions infinies où le monde pouvait être entraîné par le ricochet inconscient et déréglé des causes mécaniques, une seule a prévalu. Ainsi qu'un cheval échappé dans l'espace et entraîné par une fougue aveugle dans une course téméraire peut prendre mille chemins divers, mais, retenu et guidé par une main vigoureuse et savante, n'en prend qu'un qui le mène au but ; ainsi la nature aveugle, contenue dès l'origine par le frein d'une volonté incompréhensible et dirigée par un maître inconnu, s'avance éternellement, par un mouvement gradué, plein de grandeur et de noblesse, vers l'éternel idéal dont le désir la possède et l'anime.

La pensée gouverne l'univers : elle est au commencement, au milieu, à la fin, et rien ne se produit qui soit vide de pensée ; mais cette pensée elle-même est-elle, comme disent les Allemands, immanente à l'univers, ou en est-elle séparée ? Gouverne-t-elle les choses du dedans ou du dehors ? Se connaît-elle elle-même, ou aspire-t-elle seulement à se connaître un jour ? Dieu est-il, ou Dieu se fait-il, comme on l'a dit ? Est-il un être réel ou un idéal qui ne peut jamais se réaliser ? Pour nous, nous n'hésitons pas à penser qu'un idéal ne peut être un principe qu'à la condition d'exister, que la pensée, pour atteindre un but, doit savoir où elle va. Entre la doctrine du mécanisme fataliste et la doctrine de la Providence, nous ne voyons aucun milieu intelligible et satisfaisant. Beaucoup d'esprits aujourd'hui voudraient se dissimuler à eux-mêmes la pente qui les entraîne vers l'athéisme, en prêtant à la nature une vie, un instinct, une âme, et à cette âme une tendance inconsciente vers le bien. Je crois qu'ils sont dans l'illusion ; mais ce n'est pas ici le lieu de les combattre. Concluons avec eux, contre les partisans d'un mécanisme aveugle, qu'une loi inconnue dirige le cours des choses vers un terme qui fuit sans cesse, mais dont le type absolu est précisément la cause elle-même d'où ce flot est un jour sorti par une incompréhensible opération.

FIN

www.ingramcontent.com/pod-product-compliance
Lightning Source LLC
Chambersburg PA
CBHW070416090426
42733CB00009B/1696

NOUVELLE BIBLIOTHÈQUE ALGÉRIENNE

COLLECTION ADOLPHE JOURDAN

—◦◦◦◦◦—

GÉOGRAPHIE
ÉLÉMENTAIRE
DE L'ALGÉRIE

À L'USAGE

des classes élémentaires des Lycées,
Colléges, Écoles primaires, etc.

PAR MM.

MAURICE WAHL	MOLINER-VIOLLE
Professeur agrégé d'histoire au Lycée d'Alger, Ancien élève de l'École normale supérieure	*Instituteur public à Alger, Membre de la Société de Climatologie*

ALGER

LIBRAIRIE CLASSIQUE ADOLPHE JOURDAN
IMPRIMEUR LIBRAIRE DE L'ACADÉMIE

1878